MARGOT PASCHKE
Wiederholungstäter

Margot Paschke

Wiederholungstäter

Streifzüge durch die Welt,
wie ich sie sehe

Bibliografische Information der Deutschen Nationalbibliothek:
Die Deutsche Nationalbibliothek verzeichnet diese Publikation in der
Deutschen Nationalbibliografie; detaillierte bibliografische Daten sind im
Internet über http://dnb.de abrufbar.
© 2024
Lektorat: Margot Paschke
Umschlagfoto: Dina el Ashri
Praktische Umsetzung: Ben-Julian Schmidt
Verlag: BoD · Books on Demand GmbH, In de Tarpen 42,
22848 Norderstedt
Druck: Libri Plureos GmbH, Friedensallee 273, 22763 Hamburg
ISBN: 978-3-7693-0986-7

„Es irrt der Mensch, solang er strebt!"

Johann Wolfgang von Goethe

Von Goethe stammt der Satz:
„Es irrt der Mensch, solang er strebt!"
Die behandelten Themen sind unter diesem Aspekt zu sehen. Meine Gedanken können, müssen aber nicht richtig sein. Meine Schlüsse ergeben sich aus dem jeweiligen Standort.

Inhalt

Prolog

Wiederholungstäter

Sally, unser Familienhund,
treibt es oftmals viel zu bunt.
Auf Wiederholung solcher Geschichten
können wir getrost verzichten!
Auch wenn wir ihr abgeraten,
kam es zu Wiederholungstaten.
Ähnlich ging es mit meinem Buch:
ein kleiner Gedichtband schien mir genug.
Doch weil ich es nicht lassen kann,
habe ich es noch mal getan.
So wird man früher oder später
leicht zum Wiederholungstäter.
Mein erstes Buch war kein Roman,
mit Gedichten fing ich an,
jetzt folgt als Selbstläufer Band zwei
und belasse es dann dabei.
Manches ist nochmal aufgegriffen,
anderes wurde in Reime geschliffen!
Das Fangnetz für Ideen war ausgespannt;
was hängen blieb, steht hier im Band!
Ist das nun mein letztes Gedicht?
Wie ich mich kenne, wahrscheinlich nicht!

*

Resümee

Viel Tinte ist ins Buch geflossen,
und Irrtum ist nicht ausgeschlossen!
Ein Gericht entschiede, wenn man fragte:
„Im Zweifel für die Angeklagte!"
Dieses Urteil soll genügen!
Im Übrigen wünsche ich Lesevergnügen!

*

Neujahr

Das neue Jahr – soeben geboren –
hat sehr schnell die Unschuld verloren,
denn beim neuen wie beim alten
sieht man tiefe Sorgenfalten.
Das alte konnte nicht länger tragen,
was wir ihm aufgebürdet haben.
Nun scheints, als hätte es ganz leicht,
diese Lasten weitergereicht.
Entspannt genießt das alte Jahr,
was ihm vorher nicht möglich war:
es kann sich aufrichten und strecken,
die Leichtigkeit des Seins entdecken.
Was das Altjahr niedergedrückt,
ist auf die junge Schulter gerückt,
die diese Last bis zum leidigen Schluss
irgendwie auch stemmen muss.
Die Altlast passt nicht in die Tonne –
es gibt halt nichts Neues unter der Sonne!

*

Kranichzüge

Raue Rufe im Vorfrühlingsgrau:
ich inspiziere den Himmel genau.
Rufe eilen den Vögeln voraus,
nichts hält mich nun noch im Haus!
Warme Vorfreude hüllt mich ein,
die Kraniche müssen schon nahe sein!
Da ist die Einser-Formation!
Ruhiger Flügelschlag trägt sie davon.
Wie lange mögen sie schon fliegen?
Wie viel mag noch vor ihnen liegen?
In ihrer Formation liegt Gelassenheit,
sie haben ein Ziel, das sie vorantreibt
und folgen den Routen seit ewigen Zeiten,
niemand braucht sie anzuleiten.
Sehnsüchtig schaue ich hinterher,
bald schon sehe ich sie nicht mehr.
Sehnsuchtsvögel nenne ich sie,
ihre Rufe, ihr Anblick ist pure Magie.
Leise Wehmut erfasst mich dann,
weil ich nicht mit ihnen fliegen kann.
Mit ihnen ist der Frühling verbunden,
im Herbst ist diese Freude verschwunden;
dann geht ihre Reise wieder Retour,
und immer bleiben sie in der Spur!
Mit ihren Rufen und Flügelschlagen
wollen sie uns „Auf Wiedersehn!" sagen.
Ich schau ihnen nach und sage „Ade!"
Ob ich sie im Frühjahr wiederseh?

*

Fingerhutsommer

Drei heiße Sommer, es fehlte das Nass,
Pflanzen verdorrten im bleichen Gras.
Bäume kämpften mit letzter Kraft,
weil Wasser fehlte, ihr Lebenssaft.
Damit war es noch nicht getan,
denn ein Heer von Borkenkäfern begann,
den Nadelhölzern zuzusetzen -
sie starben in Massen zu unserem Entsetzen.
Die Wälder begannen sich zu lichten -
überall tote Tannen und Fichten,
wo man sonst viel Schatten fand,
schien jetzt die Sonne auf hellen Sand.
Und die Propheten unserer Tage
folgerten aus der misslichen Lage,
der Wald insgesamt würde bald sterben.
Ist es nah, das große Verderben?
Das Jahr 24 brachte viel Regen,
für die Natur ein großer Segen.
Pflanzen und Bäume, von Hitze geschunden,
konnten dank Regen wieder gesunden.
In ihnen steckte noch Lebenswille,
sie holten auf und blühten in Fülle.
Auf den Waldparzellen, die so kahl,
gabs neues Leben mit einem Mal.
Wo alles trostlos wirkte und tot,
gabs Blütenrausch in Lila und Rot.
Das Gras kam zur Reife, und vieles blühte -
jetzt kam die Zeit der Fingerhüte,
zahllos, kräftig, wunderschön –
so zahlreich hab ich sie noch nie gesehn!
Dazwischen krabbeln Käfer und Spinne -
ein wahres Fest für Augen und Sinne!
Nun ist das Große Windröschen erblüht,
es folgt auf den Fingerhut, wie man sieht.

Und all die dunklen Prophetien
fingen plötzlich an zu blühen!
Wenn die Fingerhüte demnächst vergehen,
wird ein neuer Wald entstehen,
ökonomisch gesehen sicher kläglich,
doch ökologisch umweltverträglich.
Der Sommer war zu kalt und nass,
die Haut war nicht braun, sondern blieb blass.
Stattdessen schenkte uns Gottes Güte
einen Sommer voller Fingerhüte!

*

Tautropfen auf Gräsern

Wenn sich am Morgen das Sonnenlicht
in Tautropfen an Gräsern bricht,
dann funkelt die Welt mit einem Mal
diamantenbesetzt, ganz irrational.
Der Lichteinfall kehrt das Farbspektrum
im Handumdrehen völlig um.
Was zuvor noch smaragdgrün erschien
wechselt zu warmem Orange hin,
dazu Diamantfeuer in kühlem Glanz -
es ist ein rauschender Farbentanz.
Jeder Tautropfen, groß oder klein,
fängt die Sonnenstrahlen ein,
in diesem minimalen Lichteinfall
spiegelt das Umfeld sich real,
denn jeder Tropfen hat ein Stück
Lebenswirklichkeit im Blick.
Wie schimmernde Perlen einer Kette
glänzen kleine Wunder um die Wette.
Die Tropfen sind nicht zum Berühren gemacht
nur zum Staunen, und das mit Bedacht.
Der Zauber ist kurz, eine Impression,
und dennoch real, nicht Illusion.
Die Schönheit zerfließt, hinab rinnt der Tau
und bietet den Pflanzen haargenau
zum Frühstück den ersten Morgentrank;
die Gräser trinken, dem Himmel sei Dank!

*

Löwenzähnchen

Der Löwenzahn im Blumenbeet
gehört nicht dahin, wo er steht!
Er hat sich heimlich ganz geschickt
nah an eine Pflanze gedrückt,
die ihn mit ihren Blättern schützte,
was ihm schließlich auch nichts nützte;
er duckte sich, war gut versteckt,
dennoch hab ich ihn entdeckt!
Er ist ein stolzes Exemplar,
aber für mich nicht hinnehmbar.
Mit einem Spaten schritt ich zur Tat,
was ihn das Leben gekostet hat.
Dass er durch mich sein Dasein verlor,
kam mir am Ende schäbig vor!

*

Blumenkalender

Wenn nach der Christ- die Lenzrose blüht,
legt Sonnenschein sich aufs Gemüt,
denn Hoffnung wächst mit dem Tageslicht,
der Winter verliert sein Schwergewicht.
Schneeglöckchen tragen schlichtes Weiß
als Referenz an Schnee und Eis.
Der Winterling ist auch früh munter,
färbt den Garten gelb und bunter,
denn im Vorfrühlings-Sonnenschein
möchte er gern der erste sein.
Der Krokus lässt sich nicht verdrießen,
seine Blüten aufzuschließen;
Kälte nimmt er auch in Kauf,
doch bald kommt Lufterwärmung auf.
Jetzt wird es eng im Blumenbeet,
weil vieles dicht zusammensteht.
In allem liegt Gelassenheit,
man sieht, es geht auch ohne Streit.
Narzissen, Tulpen, Vergissmeinnicht
und Löwenzahn im Sonnenlicht -
meine Liste ist längst nicht komplett,
zu groß ist das Frühlingsblumenbukett.
Der Sommer klopft schon leise an,
denn ab jetzt läuft sein Programm.
Da grüßt auch schon die Margerite,
mit kleiner Sonne als Blütenmitte.
Und wenn die Rose voll Majestät
in Duft und Schönheit neu ersteht,
rufen die Blumen ihr neidlos zu:
„Unsere Königin bist du!"
Sie reckt sich hoch, ein wenig stolz,
man übersieht die Dornen am Holz,
denn eine Königin darf allgemein
hin und wieder kratzbürstig sein.

Der Sommer blüht in üppiger Pracht,
bis ihm der Herbst ein Ende macht.
Die Bäume bekommen bunte Kleider,
die sie nicht lange tragen – leider!
Der Ginkgo-Baum mit gespaltenem Blatt
hat das Sommergrün auch satt.
Er schmückt nun seine Blätterhülle
mit Sonnengelb in üppiger Fülle;
bald rieseln Blätter langsam nieder,
er weiß: Im Frühjahr wachsen sie wieder.
Den verbliebenen Blumen ruft er zu:
„Ich gehe jetzt in die Winterruh!
Im Frühling kriegt jeder sein neues Kleid,
doch jetzt ist erst mal Schlafenszeit!"

*

Regen

Regen gab früher – man glaubt es nicht –
dem Oberbergischen sein Gesicht.
Der Oberberger, so wurde erzählt,
komme mit Regenschirm auf die Welt.
Ein solch lokales Attribut
gefällt der Gegend gar nicht gut.
Üppig waren die Regenschauer,
die gute Ernte erfreute den Bauer!
Auch das Vieh fand reichlich Futter -
der Ertrag war Milch und Butter.
Salat und Gemüse wuchsen im Garten,
dazwischen Blumen aller Arten.
Manchmal war der Sommer zu nass,
die Ernte verdarb, und es faulte das Gras.
Nur selten musste man Wasser sparen –
das änderte sich aber mit den Jahren.
Doch hatte der Regen auch mal Nischen,
dann gab es schöne Sommer dazwischen.
Nun hat sich das Klima verrenkt und gedreht,
und die meisten Wolken werden verweht.
Die Wolkendecke von Süden bis Norden
hat abgenommen, ist dünner geworden!
Das steht ihrem Transport von Regen
energisch und diametral entgegen.
Jetzt kämpft auch das oberbergische Land
gegen heiße Sommer und Sonnenbrand.
Urlaub im Süden kann man sich sparen
und dafür an die nächste Talsperre fahren!

*

Regenbogen

Der Regenbogen zieht sich in exaktem Halbrund über den Himmel;
seine Farben leuchten. Er ist vollkommen gestaltet und ein Fest für
Augen und Sinne. Nach Aussage der Bibel versprach Gott, den
Regenbogen als Zeichen dafür zu setzen, dass er die Erde als Ganzes
nicht wieder mit einer Sintflut verderben werde.

Wenn der letzte Regen im Wind verweht
und ein Regenbogen am Himmel steht,
zeigt sich berauschende Farbenpracht -
ein Kunstwerk ist es - perfekt gemacht!
Ohne Rücksicht aufs Urheberrecht
nutzt das menschliche Geschlecht
den Regenbogen ungefragt sowohl
für Werbung und als profanes Symbol.
Liest man den biblischen Ursprungsbericht,
bekommt man eine andere Sicht.
Die ersten Menschen lebten schon
im Zustand anhaltender Rebellion
gegen Gebote, die Gott gegeben;
sie wollten selbstbestimmtes Leben.
Für Warnungen blieben sie taub und blind;
man schlug sie einfach in den Wind.
Im Zorn wollte Gott, was er geschaffen,
mit einer großen Flut fortraffen.
Der fromme Noah mit Familie und Kindern,
vielen Tieren samt Schafen und Rindern,
suchte Schutz vor der Wassernot,
den Gott ihnen in der Arche bot.
Nach der Sintflut, wie die Bibel erzählt,
hat Gott den Bogen in die Wolken gestellt,
um den Menschen zu sagen: „Schaut her!
Die Erde als Ganzes verderb ich nicht mehr!
Und macht die Menschheit Vernunft sich zu eigen,
wird das Segen für alle sich zeigen."

Doch die Welt ist getrieben von Hass und Gier -
die Rechnung bekommen wir noch dafür,
wenn die kosmischen Kräfte wanken
und zersplittern die schützenden Schranken.
Die Zeit wird sterben und mit ihr die Welt;
auch der Regenbogen zerfällt.
Die Bibel spricht vom Jüngsten Gericht -
doch wann das sein wird, wissen wir nicht.

*

Natur pur im November 2022

Was fehlt, ist das Novembergrau,
der Himmel ist heut herrlich blau,
die Erde vergoldet vom Morgenlicht,
das einen schönen Tag verspricht.
Statt Kälte und Novembernässe
gab's diesmal Kapuzinerkresse,
dazu ein frischer Dahlienstrauß -
das sieht nicht nach November aus!
Bei frischen Blumen aus dem Garten
muss das Adventsgefühl noch warten.
Der Sommer hatte zu viel Hitze,
es gab keinen Regen und kaum Blitze,
deshalb konnten trotz täglichem Gießen
die Knospen nur recht mühsam sprießen.
Und weil sich wenig Schatten fand,
bekamen die Pflanzen Sonnenbrand.
Als endlich dann der Regen kam,
der Sommer nochmal Nachschub nahm:
Gras und Blumen, die verkohlt,
haben sich überraschend erholt.
Der Sommer machte sich nochmal breit,
so blieb dem Herbst nur wenig Zeit.
Eine solche Masse an Energie
hatte der November bisher nie.
Er hat die Chance gleich genutzt
und sich mit fremden Federn geputzt.
Jetzt reißt der Wind an den Blattspitzen,
erstaunlich ist, wie fest sie noch sitzen.
Die Kraniche haben lang nachgedacht,
bevor sie sich auf den Weg gemacht.
Werden sie wohl in künftigen Jahren
die lange Winterreise sparen?
Die Natur fragt sich nun irritiert,
was der November im Schilde führt.

Tritt er in Konkurrenz zum Mai?
Der Klimawandel hilft sicher dabei.
November hat uns aus dem Tritt gebracht
und sich heimlich ins Fäustchen gelacht.
Die Jahreszeit verlor ihre Balance,
das nutzte der November als Chance.
Er hat den Sonnenschein genommen
und daraus sein neues Image gesponnen!

*

Kater Mogli

Mogli kennt sich bei uns aus,
doch er gehört ins Nachbarhaus:
ein schwarzer Kater, schön und verfressen,
er steht vor der Tür und fordert sein Essen.
Zu Hause gibt's nur Trockenfutter,
hier gibt's Besseres – wie bei Mutter!
Zudem gibt's noch eine Futterquelle,
auch da ist Mogli rasch zur Stelle.
Die Rede ist vom Futterhaus,
da flatterts täglich ein und aus.
Mogli ist ein Jäger voller List,
der auch schonmal im Häuschen sitzt.
Er sitzt behäbig breit im Vogelhaus
und schaut interessiert nach Frischfleisch aus.
Er ist interessiert, so wie ich glaube,
an der sprichwörtlichen Taube,
die oft als Gast sich sehen lässt,
und da beginnt der Härtetest.
Der Vorgang schafft mir Missbehagen,
doch fairerweise muss ich sagen:
Jagen liegt jeder Katze im Blut –
doch ich schütz lieber die Vogelbrut!

*

Charly

Es ist Herbst, und im Vogelhaus
streute ich reichlich Futter aus.
Die Erdnüsse bleiben ungeschält –
ob das den Vögeln wohl gefällt?
Ich brauchte gar nicht lange zu warten,
da sah ich einen Häher starten;
er fand die Nüsse ganz passabel
packte zwei mit seinem Schnabel,
nahm dann weitere noch dazu,
ich war überrascht und dachte „Nanu!"
Um zu erfahren, was da passiert,
hab ich im Internet recherchiert.
Der Kropf dient ihm als Tragetasche,
das ist des Hähers kluge Masche!
So wird Wintervorrat gesammelt,
der nicht im Versteck vergammelt.
Unser Häher wohnt wohl in der Nähe,
weil ich ihn täglich herumfliegen sehe.
Die Nüsse werden morgens erneut
auf unsere Fensterbank gestreut.
Ich beobachte nur und störe ihn nicht,
neugierig schaut er mir ins Gesicht.
dann spreche ich ihn leise an,
damit er mich kennenlernen kann.
Er sammelt und futtert ungeniert,
das offene Fenster wird akzeptiert,
beim nächsten Besuch, das ist mir neu,
flattert er hastig und wirkt sehr scheu,
packt eine Nuss als sichere Beute
und sucht damit ganz rasch das Weite.
Des Rätsels Lösung kam nebenbei:
denn plötzlich sah im Strauch ich drei
Eichelhäher abwartend sitzen -
alle wollten Nüsse stibitzen.

Inzwischen wurde mir dann klar,
dass nur einer von ihnen mutig war.
Er ist selbstbewusst und dominant -
ich ihn einfach Charly genannt!
Die beiden anderen mit ihrer Marotte
nannte ich pauschal Charlotte.
Doch eine von beiden stand irgendwann
auf Kater Moglis' Speiseplan.
Das Unglück war nicht abzuwenden.
So sollte Charlotte doch nicht enden!
Ob die anderen den Verlust beklagen,
kann ich absolut nicht sagen.
Sie kommen regelmäßig vorbei –
der eine mutig, der andere scheu.
Trotz reichlichem Futter zu jeder Zeit
plagt die beiden der Futterneid.
An ihrem Verhalten hab ich erkannt:
In Wesenszügen sind sie uns verwandt!
Dazu hat ihr Erdnusskonsum garantiert
bei Aldi zu höherem Umsatz geführt!

*

Die Taube am Futterhaus

Jeden Tag das gleiche Spiel,
ich schaue zu und lerne viel,
denn morgens unterm Futterhausdach
gibt es Besucher, die machen Krach,
andere kommen geräuschlos daher,
ich hab das Gefühl, es werden stets mehr.
Die Türkentaube sitzt lang auf dem Dach
mit geschlossenen Augen, als denke sie nach.
Immer hat sie das gleiche Problem:
Der Zugang ins Haus ist ihr unbequem.
Sie hüpft durch den Strauch, trippelt hin und her,
denn ins Haus zu flattern, fällt ihr schwer.
Sie zögert lange, bis es gelingt,
dass sie sich ins Häuschen schwingt.
Dann pickt sie lange und auch viel,
beim nächsten Mal wiederholt sich das Spiel.
Obwohl ihr Begleiter es mühelos schafft,
hat sie den Dreh bisher nicht gerafft.
Bei diesem Verhalten bleibt nur der Schluss,
dass die Taube leicht beschränkt sein muss.
Verständnisvoll erklärte mein Mann:
„Sie hofft auf KI*, das seh ich ihr an!"
Und da ist noch eine kleine Maus,
heimlich huscht sie ins Vogelhaus.
doch das ist eine andere Geschichte,
über die ich vielleicht später berichte!

* KI - Künstliche Intelligenz

*

Spatzenglück

Im Frühjahr suchten Herr und Frau Spatz
zwecks Familiengründung einen Platz.
Unser Vogelhaus unter dem Balkon
mit Ausblick ins Grüne gefiel ihnen schon.
Schutz vor Räubern und Sonnenbrand
gewährt vor allem der Dachüberstand.
Schnell wurden Nägel mit Köpfen gemacht
und Nistmaterial herangebracht.
Ganz ohne Statik, Zeichnung und Plan
fing Herr Spatz mit dem Nestbau an.
War er vielleicht schon aus früheren Jahren
in Nestbau und Jungenaufzucht erfahren?
Er flog geschäftig ein und aus
mit Nistmaterial fürs Vogelhaus.
Frau Spatz hingegen kritisch schaute,
ob ihr Mann auch fachmännisch baute.
Sie hat das Ergebnis für gut befunden,
und aus wars mit den Arbeitsstunden.
Dann hat die Spätzin unaufgeregt
mehrere Eier ins Nest gelegt.
Still wurde es ums Spatzenhaus,
das Weibchen brütete die Eier aus.
Für ungefähr zweieinhalb Wochen
war der Arbeitsstress unterbrochen.
Als die Jungen dann geschlüpft,
ist Vater Spatz stolz herumgehüpft,
betrachtete seine kleine Schar,
für die er jetzt verantwortlich war.
Ein neues Kapitel war angesagt;
Insekten als Nahrung waren gefragt.
Zahllose Käfer, Würmer und Mücken
konnten die Kleinen rasch verdrücken.
Offenbar suchten Vater und Mutter
gemeinsam nun das nahrhafte Futter.

Empfanden die Eltern diesen Prozess
als sinnvolle Aufgabe oder Stress?
Leider konnten wir nicht ergründen,
wie sie Elternpflichten empfinden.
Nach etwa drei weiteren Wochen dann
nahm das Füttern neue Züge an.
Am Einflug lockten sie mit Leckerbissen,
die die Jungen schon sehr vermissen,
doch diese sollten sie erst bekommen
wenn sie den Weg nach draußen genommen.
Für die Jungen war das ein mutiger Schritt,
doch die Eltern nahmen sie schließlich mit
und fanden nach angemessener Zeit
den Weg in ihre Selbständigkeit.
Das Verfahren erscheint uns radikal,
doch bei den Vögeln funktionierts allemal!

*

Spätzchen Fridolin

Für Fridolin, den kleinen Spatz,
war im Vogelhaus viel Platz.
Ständig rief er laut nach Futter,
prompt reagierten Vater und Mutter.
Jeden Tag schon früh am Morgen
sah man die Eltern für Futter sorgen.
Gab's da eine Geschwisterschar,
die schon ausgeflogen war,
und er blieb allein im Nest?
Die Annahme sich nicht belegen lässt.
Wir bekamen nur Fridolin zu Gesicht,
mehr wissen wir von der Familie nicht.
Er tschilpte laut, war ständig zu hören,
die Alten fütterten, er ließ sie gewähren.
Doch als sie ihn drängten, das Nest zu verlassen,
konnte Fridolin das nicht fassen.
Er warf nach draußen manchen Blick,
zog dann den Kopf ein und wich zurück.
Doch Fridolin, soviel steht fest,
gab Mutter und Vater Spatz den Rest.
Die Spatzeneltern kamen zum Schluss,
dass Fridolin nun ausfliegen muss.
Das heißt nach menschlichem Ermessen:
„Sorge ab heute selbst fürs Essen!
Wir haben alles für dich getan.
Jetzt ist Eigenverantwortung dran!",
sprachen es aus und flogen davon,
zurück blieb verstört der Spatzensohn,
der verzweifelt die Eltern sucht.
Sind sie wirklich auf der Flucht?

*

Maikäferflug

Ein schwerer Körper, kurze Beine,
und zwei Paar Flügel, doch zu kleine;
der Flug an sich wirkt unkonzentriert,
obwohl er stets zum Ziel hinführt.
Aus thermodynamischer Kenntnis und Sicht
eignet sich diese Anatomie zum Fliegen nicht,
deshalb sind nach aerodynamischer Norm
Maikäfer nicht flugkonform.
In Relation von Körper zum Flügel
bekommen Maikäfer kein Gütesiegel.
Sollten Flugzeugbauer entscheiden,
müssten Maikäfer am Boden bleiben
und würden deshalb, streng genommen,
auch keine Fluglizenz bekommen.
Doch da die Käfer erfolgreich fliegen,
muss ein Konstruktionsfehler vorliegen.
Was hat sich der Schöpfer wohl gedacht,
als er die Maikäfer gemacht?
Er schuf nämlich im Schöpfungsverlauf
Menschen, Natur und Tiere zuhauf,
hat Gesetzmäßigkeiten hineingelegt,
nach denen sich alles stimmig bewegt.
Doch Gott als Schöpfer von Zeit und Raum
nutzt solche Gesetze für sich wohl kaum.
Inzwischen habe ich erfahren,
es sei gelungen im Laufe von Jahren,
den Maikäferflug detailliert darzustellen –
mir fehlen jetzt die erläuternden Quellen.

Ergänzend sei noch anzufügen,
auch Hummeln eignen sich nicht zum Fliegen!

*

Insektenhotel

Einst galten Insekten als lästige Plage,
das hat sich geändert heutzutage.
Vögel merken nicht erst heute,
zur Jungenaufzucht fehlt die Beute.
Das gilt auch für andere Insektenjäger,
und der Obstblüte fehlen Pollenträger.
Menschliche Hilfe muss her, aber schnell,
drum besorgten wir ein Insektenhotel.
Weil es schnell großen Zuspruch fand,
kamen zwei weitere an die Wand.
Wohnungsnot, das kann man sehn,
ist nicht nur für Menschen ein Problem!
Wildbienen und anderes Flügelgetier
fand den Platz für Nachwuchs hier.
Wir waren über die Nachfrage froh,
doch jemand anderem gings ebenso!
Dumpfes Klopfen vor Tagesbeginn
schreckte uns auf, die Ruhe war hin.
Ein Blick aus dem Fenster machte klar,
dass ein Buntspecht grad beim Frühstück war.
Unser Erscheinen hat ihn geschreckt -
das Essen hat ihm nicht mehr geschmeckt.
Am nächsten Tag im Morgengrauen
wollten wir unseren Augen nicht trauen!
Herr Specht fand, es sei an der Zeit,
denn das Frühstück stehe schon bereit.
Erneut haben wir ihm den Appetit verdorben,
denn zu viele Insekten sind schon gestorben.

*

Die Weihnachtsfliege

Stubenfliegen haben an sich
ihr Leben im Frühherbst hinter sich.
Kommen die ersten kühlen Tage,
endet bald die Fliegenplage,
die uns nervte zum Überdruss,
doch damit ist nun endlich Schluss!
Man sieht dann viele Stubenfliegen
mausetot am Boden liegen.
Doch einige dieser Plagegeister
leben länger und sind dreister.
So fliegt bei uns noch, weil man sie lässt,
eine einsame Fliege am Weihnachtsfest.
Sie hält sich in der Küche auf,
denn Wärme und Nahrung gibt's zuhauf.
Einmal versuchte ich im Stillen,
die Fliege mit einem Tuch zu killen,
doch sie entkam, war nicht mehr zu sehn,
anderntags sah ich, nichts war ihr geschehn.
Sie summt und fliegt, ist ganz allein;
diese Fliege muss einsam sein.
Die Gemeinschaft fehlt inmitten der Art,
drum ist ihr Leben wahrscheinlich hart.
Fühlt sie sich etwa verbunden schon
mit den Aussagen der Letzten Generation?
Ob sie es wohl ins neue Jahr schafft -
oder wird sie vorher dahingerafft?

*

Die Sonne speckt ab

Im Weltall hat sich was getan –
schaut nur mal die Sonne an!
Die Astronomen sind nervös,
ein großes Stück hat sich gelöst.
Das geschah nicht zum ersten Mal,
doch dieser Abbruch ist phänomenal.
Ein riesiges Stück glühender Masse
saust als fliegende Untertasse
auf nicht vorhersehbaren Bahnen -
die Folgen kann man nicht mal ahnen.
Für unser Milchstraßensystem
wird das vielleicht unangenehm.
Was passiert, ist nicht absehbar
für unsere Galaxie, so viel ist klar.
Denn wird die Erderwärmung beflügelt,
wär damit unser Dasein besiegelt.
Für Klimaschutz und andere Sorgen
gäb's dann kein Heute und kein Morgen.
Doch wechselt der Glutofen seine Spur,
überleben wir mitsamt der Natur.
Diese Hoffnung soll man nicht dämpfen
und weiter Klimasünden bekämpfen!

*

CO-zwei-Ausstoß

Zu viel heiße Sonnenglut
tut der Erde gar nicht gut!
Wir hören täglich medial,
die Erde sei ein Krankheitsfall,
zutiefst geschädigt von CO-zwei,
das Leben hier sei bald vorbei.
Laut klagt die Letzte Generation,
die Auswirkungen sehe man schon,
doch Wirtschaft und auch Politik
hätten die Warnzeichen nicht im Blick.
Man schreite deshalb zum Protest
und klebe sich auf Straßen fest.
Man wolle Tempobegrenzung auf Hundert.
„Sonst noch was?" fragt man verwundert.
„Das 9-Euro-Ticket deutschlandweit" –
begraben wäre dann der Streit.
Wird damit der CO-2-Ausstoß minimiert
oder das Wünschen in die Irre geführt?
Schön, wenn's funktionieren würde,
doch davor liegt manch andere Hürde.
Ich würde erst mal darauf wetten,
das Klima lässt sich so nicht retten!

*

Klimatisierte Gedanken

Die Energiepreise explodieren;
sie werden den Alltag erodieren,
drum werden unsere Geldreserven
ziemlich bald an Schwindsucht sterben.
Es heißt, man müsse vor allen Dingen
fürs Klima diese Opfer bringen,
damit die Menschen in 100 Jahren
auch Lebensqualität erfahren.
Was man dabei leicht vergisst,
dass niemand weiß, was morgen ist,
und Menschen, die in unseren Tagen,
solch weitreichende Prognosen wagen,
können niemals garantieren,
dass diese sich realisieren.
Der Beweis wird nie erbracht,
ob man richtig oder falsch gedacht.
Die Zeit entlässt aus der Haftungspflicht,
und niemand wird verklagt vor Gericht.
Wir sollen in die Zukunft investieren,
auch wenn wir Lebensstandard verlieren.
So ist Autofahren mit Benzin
für uns bald nicht mehr drin.
Atomenergie gefährdet Leben,
darum wird rigoros soeben
der letzte Meiler abgeschaltet,
und auch der Kohlestrom erkaltet.
Diese typisch deutsche Sicht
teilen unsere Nachbarn nicht.
Sie reiben sich schon jetzt die Hände,
begrüßen die deutsche Klimawende.
Leicht füllen sie die Versorgungslücken,
wir müssen dafür viel Geld rausrücken,
das uns bald fehlt zum Unterhalt –
sonst bleiben die Wohnungen eben kalt!

Auch das gewohnte Konsumverhalten
müssen wir kräftig herunterschalten.
Manches zu lassen wär kein Verzicht,
denn vieles braucht man wirklich nicht.
Somit lässt sich von selbst verstehen,
dass Arbeitsplätze verloren gehen.
Der Staat im Konsens mit der EU
druckt neues Geld, und wir lassen's zu,
der Geldwert ist nicht mehr gedeckt
ob auch das uns nicht mehr schreckt?
Das Steueraufkommen längst stagniert,
was zum Anwachsen der Schulden führt.
Versorgungssicherheit, gepaart mit Kosten,
treibt Industrien weit nach Osten.
Sie sind alle hoch willkommen,
Arbeitsplätze werden mitgenommen.
Wer kann sagen, wohin soll das führen?
Quadratur des Kreises kann nicht funktionieren!
Dafür wachsen Windräder ohne Ende
wie Spargelstangen im Gelände.
Die kreisenden Rotoren garantieren,
dass Vögel dadurch ihr Leben verlieren.
Bestandsschutz wurde aufgegeben –
was zählt schon ein Vogelleben?
Bei dieser prekären Situation
denke ich hin und wieder schon:
Hoffentlich kommt ziemlich bald
die Erderwärmung mit Gewalt!
Dann haben Schornsteine ausgeraucht,
und Heizung wird auch nicht mehr gebraucht!
Doch wird Lebensstandard wird mit den Jahren
maximal heruntergefahren.
Wohlstand für alle war angepeilt –
am Ende wird nur noch Armut verteilt.
Hat man Problemlösungen gefunden,
geht es in die nächsten Runden.

denn Probleme bergen nun mal
in sich Vervielfältigungspotenzial!

*

Die „letzte" Generation?

Die heutige junge Generation
bezeichnet sich seit längerem schon
als die letzten ihrer Sorte –
das sind stolze, starke Worte!
In diesem Alter redet man sich ein,
im Besitz des höchsten Wissens zu sein.
Denn falls wir weitermachen wie bisher,
gibt's unsere Erde bald nicht mehr.
Die Proteste der Jungen unterdessen
sind nicht immer angemessen;
ihr Aufbegehren ist manches Mal
unverantwortlich und recht radikal.
Klebt man sich gern auf Straßen fest,
gibts Ärger - der führt zum Protest
bei denen, die zur Arbeit müssen
und zornig nun im Stau festsitzen.
Dass Handgreiflichkeiten entstehen,
war nicht gewollt, doch vorherzusehen.
Sich auf Straßen festzukleben,
wurde inzwischen aufgegeben.
Denn falls man zu lange provoziert,
sind Medien irgendwann desinteressiert.
Jetzt künden sie neue Aktionen an
und zerdeppern wieder viel Porzellan.
Doch auch diese Generation wird mal alt,
ob mit oder ohne Erdenerhalt.

*

Demonstrativ

Gibt's keine Probleme, schaffen wir sie,
jetzt ists die bedrohte Demokratie.
Damit wird neue Angst geschürt,
was wieder zu Protestmärschen führt.
Alte und junge aller Couleur
fürchten diesen Notstand sehr.
Es treibt sie die Sorge um unser Land,
so viel Einheit hat man selten gekannt.
Ist diese Angst wirklich begründet?
Oder ists möglich, dass sie mündet
in der Erkenntnis „So arg wirds nicht sein!",
dann wird die Aufregung wieder klein.
Protest, der sich bedeutsam gibt,
ist im Großen und Ganzen beliebt,
er wird gewürdigt und wahrgenommen;
man kann sogar ins Fernsehen kommen.
Unsere Demokratie erlaubt den Protest,
niemand kommt und nimmt uns fest.
Straflos bleibt unser Widerspruch,
wir laufen mit - das ist genug.
Man protestiert für die richtige Sicht,
Nachteile haben wir dadurch nicht.
Ist die Protestbereitschaft echt und tief?
Wir demonstrieren doch zum Nulltarif.
Anders ist es in Ländern im Osten -
da kann Widerspruch die Freiheit kosten.

*

Alte weiße Männer

Als Sündenböcke gelten schon länger
alle alten weißen Männer,
weil Fehlentwicklung und Missetat
bei ihnen ihren Ursprung hat.
Damit sind Schuldige gefunden,
und man schlägt ihnen tiefe Wunden,
geht hart mit ihnen ins Gericht,
ob zu Recht, das fragt man nicht.
Woher das Misstrauen gegen Männer?
Wie bringt man das auf einen Nenner?
Dass man das Alter zum Vorwurf macht,
hat wohl nie ein Mann gedacht.
Der Ursprung dieser abstrusen Ideen
ist bei Sartre und Marcuse zu sehen.
Sie legten den Grund schon, was verwundert,
vor mehr als einem halben Jahrhundert.
Man verstand anfangs noch nicht ganz
die Lehre der repressiven Toleranz.
Übersetzt man diesen Gedankengang,
dann hört wie folgt sich dieses an:
Wenn Linke die Rechten unterdrücken,
ist es okay, dass diese sich bücken;
umgekehrt, so wird argumentiert,
das Verhalten zum Faschismus führt.
Diese toxischen Gedanken
überwanden schnell die Schranken,
und Teile der akademischen Schicht
übernahmen die krude Sicht.
Die Saat ging auf, so wie gewollt,
noch heute wird ihr Tribut gezollt.
Die Jungen, die ihren Hass rausschrein,
werden auch mal alte Männer sein.
Dass sie dann auch für alte Sünden büßen,
ist deshalb nicht auszuschließen.

Eine Frage noch zum Schluss,
die ich einfach stellen muss:
Was ist mit alten weißen Frauen?
Kann man ihnen wirklich trauen?
Hat's Schicksal Gnade walten lassen
und Frauen aus der Haftung entlassen?

*

Zeitenwende?

Oft hecheln der Zeit wir hinterher,
sie ist ein Fluss ohne Wiederkehr,
jedes Bemühn, ihren Lauf zu hemmem,
wird der Zeitenfluss wegschwemmen.
Zeit ist nicht greifbar oder zu sehn,
und trotzdem real, wer kann's verstehn?
Jetzt spricht man ernst von Zeitenwende –
gemeint sind aber die Lebensumstände.
Damit führt man uns hinters Licht,
denn Zeitenwende gibt es nicht.
Niemand hätte je vernommen,
Zeit sei wieder zurückgekommen.
Lebensumstände können dagegen
sich drastisch ändern und viel bewegen.
Ukraine-Krieg plus Energienotstand
fahren uns irgendwann an die Wand,
auch Öko-Marxismus und Ideologien
lassen Lebensentwürfe entfliehen.
Zeitenwende, das Wort kann man füllen
und jeder füllt es nach seinem Willen;
trotzdem bleibt es vage, gibt nichts her,
man schürt damit Ängste, immer mehr.
Misstrauen wächst und der Verdacht,
dass man mit Angst uns willfährig macht.
Schließlich tut man so, als wäre
die Zeitenwende Grund der Misere.
Für die Zeit gibt's nur ein Muss:
Sie ist präsent und bleibt in Fluss.
Zeitenumkehr oder Wende
gibt es nicht im Zeitgelände!

*

Zeitschmelze

So wie Schnee in der Frühlingssonne,
zersetzt sich Zeit in der Biotonne
und niemand ermittelt, wie viel Zeit
ihm für sein Leben jetzt noch bleibt!
Auf jeden Fall will ich sie nutzen
und möglichst viel herunterputzen
an Worten, Gedanken und Ideen,
die in der Warteschlange stehen -
nicht mainstreamig und konform,
eher widersprüchlich, ohne Norm;
aufgeladen mit Gefühlsmunition
löse ich mich aus allgemeiner Illusion.
Ich muss nicht denken, was alle denken,
möchte selber mein Handeln lenken,
auch ausdrücken, wofür ich stehe,
weil ich darin Lebenssinn sehe.

*

Sonderbare Zeiten

Erstaunlicherweise ist nach den vielen Experimenten
und Eingriffen in normale Lebensabläufe
noch niemand auf den Gedanken gekommen,
den Ablauf der Monate und Jahreszeiten umzustellen.
Nachdem die nachgeburtliche Wahl des eigenen Geschlechts
gesetzlich ermöglicht wurde,
brauchen wir nun neue Betätigungsfelder,
um brachliegende alltägliche Abläufe
in einen neuen Kontext zu stellen.
Staatsschulden wurden zu Sondervermögen erklärt
in der Hoffnung, dass die Bürger es glauben.
Warum soll man dann die etwas unfreundlichen Monate
von November bis März nicht ins Schaltjahr ausgliedern -
als Sonderzeit sozusagen?

*

Aufgeräumte Vergangenheit?

Wer hätte je für möglich gehalten,
dass wir Vergangenheit umgestalten!
In unserer total korrekten Zeit
brauchts bereinigte Vergangenheit!
Man haut uns heute unverfroren
unsere Lebensart um die Ohren;
und Unterhaltung, über die wir gelacht,
wird einfach zum Tabu gemacht.
Emsige Spürnasen wurden fündig
und erklärten uns für sündig,
weil wir auf Kosten von Minderheiten
Unterhaltungssendungen bestreiten.
Gelöscht wurde so manche Aussage
aus Filmen und Büchern vergangener Tage,
und Sendungen mit Warnhinweisen versehen;
wer soll das alles noch verstehen?
Wir werden bevormundet wie noch nie
durch staatlich verordnete Empathie.
Beschwerdestellen inspizieren,
ob wir uns konform aufführen.
Wer sich nicht vorschriftsmäßig verhält,
büßt sein Vergehen dann mit Geld.
Der ganze Irrsinn ist keine Mode,
sondern Sozialismus-Methode.
Jeder, der sich „daneben" benommen,
wird nun unter die Lupe genommen.
Als Erfüllungsgehilfe dient die Presse,
als wäre all das von großem Interesse.
Weil man Welt und Leben schon lange kennt,
ignoriert man am besten diesen Trend.
Die Vergangenheit bleibt so, wie sie war,
rückwirkend verändern geht nicht klar!

*

Demokratie

Im Vergleich der gängigen Normen
wurde aus allen Regierungsformen
die Demokratie zum Sieger gewählt,
doch fehlt ihr die Mehrheit auf der Welt.
Demokratie gibt uns, was wir leicht vergessen,
viel Freiraum, doch ist er weder vermessen
noch eingetragen beim Amtsgericht -
sie nimmt uns trotzdem in die Pflicht!
Freiraum schließt Verantwortung ein,
nicht nur für sich, sondern allgemein;
Egoismus sollte man klein halten,
das Leben sozialverträglich gestalten.
Damit lebt man in unserem System,
demokratisch entspannt und angenehm.
Leider fängt der anfängliche Elan
ganz allmählich zu schleifen an.
Vom Staat rundum versorgt zu sein,
findet Zustimmung allgemein.
Darüber vergisst man allzu schnell,
dass der Staat nur partiell
für mein Leben in seiner Frist,
aber nicht für alles zuständig ist.

*

Heizungsmäßige Kehrtwende 2023

Wärmepumpen statt Gas und Öl
kommen als staatlicher Drohbefehl.
Was nötig wird im kommenden Jahr,
macht die Regierung uns rasch klar.
Wir müssen uns darauf einstellen:
Es geht weg von fossilen Quellen,
bis auch der letzte Ölmagnat
seine Wärmepumpe hat!
Das Fußvolk aber allgemein
dürfte gar nicht glücklich sein,
denn die Umstellung wird teuer,
der Kostendruck scheint ungeheuer.
Wenn wir den Umbau pünktlich starten,
ist keine Strafe zu erwarten.
Die Ungehorsamen hingegen
wird mit Geldstrafe man belegen.
Das erinnert mich fatal
an ein längst überholtes Strafritual:
Ließ man Gehorsam außer Acht,
wurde kein langer Prozess gemacht.
Diskutieren hatte keinen Sinn,
wir nahmen zerknirscht die Ohrfeige hin.
Längst ist es gesetzlich verboten,
Kinder zu schlagen bei schlechten Noten,
wegen Aufsässigkeit oder üblen Taten
oder was sonst aus dem Takt geraten.
Was damals als selbstverständlich galt,
nutzt heute der Staat: Er droht mit Gewalt!
Doch wie sich zeigt, rebellieren die Leute,
sie wollen entscheiden, wie sie heute
und auch in Zukunft ihr Leben gestalten;
der Staat soll nicht das Private verwalten.
Das Misstrauen wächst, der Ärger auch,
nun steht die Regierung auf dem Schlauch!

Ideologisch verbrämte Theorie
funktioniert in der Praxis eigentlich nie.
Man kann viel schönreden und erzählen,
das hilft nicht, wenn die Mittel fehlen.
Der Staat will Hausbesitzer stützen,
damit sie Wärmepumpen nützen.
Woher soll das Geld denn kommen?
Längst hat der Staat sich übernommen.
Firmen sterben, gehen weg, geben auf,
drum schwinden Steuergelder zuhauf;
auch Arbeitsplätze gehen verloren –
man sieht, das Konzept ist unausgegoren.
Mehr Fragen als Antworten kommen auf;
der Gesetzentwurf wird gebremst im Lauf.
Dass Wind und Sonne sich nun sputen,
ist weder zu glauben noch zu vermuten.
Es mehren sich die Fragezeichen:
Wie will man dieses Ziel erreichen?
Die Minister und der Bundestag
wurden wach mit einem Schlag.
Denn wenn der Bürgerzorn sich entlädt,
die Regierung vor lauter Scherben steht.
Man muss noch mal von neuem starten -
die Klimarettung muss noch warten!

*

Politische Falschaussagen?

Da hat es wieder jemand gewagt
und seine Meinung offen gesagt.
Denn Wahrheiten sind nun mal
oft unbequem und suboptimal!
Die Situation gab es einfach her,
doch offenbar lag er damit quer.
Speziell die mediale Öffentlichkeit
mischt jetzt auf und vertieft den Streit.
Der Unglücksredner wird Delinquent
der den sprachlichen Missgriff reuig bekennt;
die Äußerung sei offensichtlich
schlecht gewählt und damit nichtig.
An Kränkung habe er nicht gedacht,
vielmehr spontan den Schnitzer gemacht.
Man möge verzeihn ihm sein Ungeschick -
und kehre zur Tagesordnung zurück.
Die Presse hat auch dieses gedruckt.
Nun ist der Ärger heruntergeschluckt.
Von diesem durchsichtigen Betrug
haben die Bürger inzwischen genug.

*

Staatliche Wohltaten

Wohltaten verteilen kann der Staat
nur dann, wenn er Steuern erhoben hat.
Und wer bringt diese Steuern auf?
Die Wirtschaft und Beschäftigte zuhauf.
Der Staat soll Rahmenbedingungen gestalten
und Steuern möglichst sinnvoll verwalten.
Leider funktionierts nicht an vielen Stellen -
ein Urteil möchte ich dennoch nicht fällen.
Keineswegs aber sollten wir denken,
der Staat würde uns großzügig etwas schenken!

*

Diebische Elster

Überall auf dieser Welt
braucht der Staat eine Menge Geld,
um mit peniblem Beamtenwillen
seinen Auftrag zu erfüllen.
Diese Notwendigkeit sehe ich ein,
denn der Staat aus sich allein
erwirtschaftet keinen Gewinn,
er erhebt Steuern immerhin.
Um an das nötige Geld zu kommen,
wird der Bürger in die Pflicht genommen.
Dazu teile ich dem Finanzamt mit,
was ich so verdiene im Schnitt.
Der Steuerbescheid schneit bald ins Haus,
das Ergebnis für mich sieht bescheiden aus.
Bei der Steuererklärung sah ich Rot,
das Formular stürzt mich in Erklärungsnot.
Nicht alle Fragen erscheinen mir schlüssig,
und manche finde ich überflüssig.
Zu anderen hätte ich noch Fragen
oder möchte Erklärendes sagen.
Doch Kommunikation ist nicht vorgesehen,
niemand hilft meinem Nichtverstehen.
Im Internet lese ich, dass man
sich Hilfe herunterladen kann.
Was ich als Beistand herangezogen,
heißt „Elster" und ist ein Fragebogen.
Sein Studium hat mich nicht weitergebracht,
er wurde bestimmt vom Finanzamt erdacht.
Die diebischen Elstern dieser Welt
woll'n unser Bestes – sie woll'n unser Geld!

*

Lohnt Sparen noch?

Anders noch als heutzutage,
war man früher in der Lage,
das Sparbuch redlich zu ernähren,
weil die Banken Zinsen gewähren.
Damit zeigte das Sparbuch an,
dass sogar Nichtstun Gewinn bringen kann.
Doch der Zinszuwachs, das sei beklagt,
wurde von der EZB versagt.
Statt weiter Zinsen gutzuschreiben,
müssen Banken nun Geld eintreiben!
Denn statt eines Zinsgewinns
gibt's fürs Sparen Minuszins!
Nun berechnen Banken Gebühren,
die zum Schmelzen des Ersparten führen!

*

Zitat Staatssekretärin Franziska Brantner:
„Erlauben Sie mir zu sagen, selbst wenn ein deutscher Staatsbürger oder eine deutsche Staatsbürgerin nicht des Lesens mächtig sein sollte, hat er alle Möglichkeiten, auch in diesem deutschen Bundestag zu sein, weil wir hier eben nicht darauf setzen, dass jemand irgendeine Art von Bildungsabschluss haben muss. Sondern hier ist der Ort der Demokratie und dieser Bundestag, der repräsentiert die Bevölkerung."

Frau Brantners Erkenntnisse

Franziska Brantner ist aufgeschreckt,
als Staatssekretärin hat sie entdeckt:
Wer weder lesen noch schreiben kann,
steht benachteiligt hinten an.
Wegen dieser eindeutigen Fakten
betreiben sie kein Studium von Akten;
für Vorschriften und Protokolle
fehlt die empirische Kontrolle.
So kommen Informationen dann
bei Analphabeten verkürzt nur an.
Sie müssen sich aufs Gehörte verlassen,
wobei sie Wesentliches leicht verpassen.
Frau Brantner möchte deswegen
diesen Missstand entschieden beheben.
Auch Analphabeten brauchen im Staat
Mitspracherecht und ein Mandat.
Wer diese Schwäche hat und kennt,
gehört als Fürsprecher ins Parlament.
Vielleicht hat Frau Brantner mit Vorbedacht
den Vorschlag auf den Weg gebracht,
denn im Hinblick aufs Bildungsniveau
geht's heutigen Schülern bald ebenso.
Grundfächer kennen sie nur rudimentär,
und der Schulabschluss fällt schwer.

Für Ausbildung oder Studium
sind Jugendliche am Ende zu dumm.
gibt dieses Ergebnis Frau Brantner Recht?
Um Lesen und Schreiben steht es schlecht;
der Abwärtstrend hat Konjunktur.
Wer bringt die Schüler zurück in die Spur?
Die Bildung verliert ihr Gleichgewicht,
und rosige Zeiten sind nicht in Sicht.

Vielleicht ist es deshalb angebracht,
dass man sich weitere Gedanken macht.

Am Ende sei die Frage erlaubt,
ob Frau Brantner ihren Worten glaubt.

*

Pisa

In Pisa steht der schiefe Turm,
er trotzt bis heute jedem Sturm.
Deshalb dient er, glaub ich wohl,
für schräge Dauer als Symbol.
Ein Pisa der ganz anderen Art
trifft das Schulwesen nun hart.
Wenn das Wissen aller Stufen
durch Pisa-Tests wird abgerufen,
alle Auswertungen dann zeigen,
dass Resultate sich stark neigen.
Diese Tendenz hat Kontinuität,
die immer weiter nach unten geht.
Es will scheinen, als ob Intellekt
noch in den Kinderschuhen steckt.
Zum Leidwesen der Pädagogen
gab's zu viel neue Lehrmethoden,
und weil man weiterkommen muss,
ist mit Pilotprojekten Schluss.
Doch die Folgeschäden sind nun mal
total ernüchternd und katastrophal!
Jetzt stellt man mit Erschrecken fest,
dass die Lesefähigkeit nachlässt.
Für Texte und ihren Zusammenhang
fehlt der aktive Gedankengang.
Smartphones liefern Kurz-Informationen,
entlasten das Hirn, weil sie es schonen.
Auch das Lehrfach Mathematik
liegt weit hinter dem Soll zurück.
Lehrkräfte verzweifeln und geben auf,
wer fängt den Niedergang noch auf?
Höhere Bildung treibt kaum uns noch um,
sondern Angst vor Analphabetentum.
Wir merken in allen Bereichen Schwund,
unser System ist nicht mehr gesund.

Bestnoten

Wir wissen doch aus frühen Jahren
wie bedeutsam Schulnoten waren.
Einsen waren das Absolute
und krönten nur das wirklich Gute,
das höchsten Ansprüchen genügte
und harmonisch sich zum Ganzen fügte.
Korrektur in Klausuren waren tabu,
sie ließen keine Eins mehr zu.
Diese Regel war ausgewogen
und wurde nicht in Zweifel gezogen.
Heute bis hin zum Abitur
spielt man die andere Klaviatur:
Von Eins Minus bis Eins Plus
ist die Bewertung total im Fluss.
Akribisch wird nun ausgelotet,
wie man die Arbeit am besten benotet.
Dadurch wurde vor längerem schon
die Eins das Opfer der Noten-Inflation.
Die alte Eins war wohl verstaubt,
sie wurde ihres Wertes beraubt.
Hat man sich mental verrenkt
und das Lernniveau gesenkt?
Denn erstaunlich ist es schon,
dass die neue Bestnoten-Generation
mit Superzeugnis und selbstbestimmt
den nächsten Weg zur Uni nimmt.
Allerdings hört man immer mal,
dass Abi-Abschlüsse von Fall zu Fall
für ein Studium nicht reichen;
das Fehlende wäre noch auszugleichen.
Wenn man dieses recht bedenkt,
scheint die Benotung eher beschränkt.
All die Einser, die man entlassen,
muss man noch mal ins Auge fassen:

Hochbegabte und Geistesgrößen
im Allgemeinen Respekt einflößen,
doch ihre Häufung heutzutage
erwächst zur landesweiten Plage.
Die meisten wollen ein Studium,
denn ohne gilt man gemeinhin als dumm,
und gehört deshalb auch nicht
zur gehobenen Mittelschicht.
Der Akademikerüberschuss
beruflich auch vorankommen muss.
Dieser Wunsch ist zwar verständlich,
doch erweist er sich letztendlich
in der Praxis unbrauchbar,
denn es wird jetzt offenbar,
unsere Grundversorgung kriegt Risse,
darum lautet die Prämisse:
Dienstleister, Handwerker, Facharbeiter
sind die wichtigen Wegbereiter
für ein Fundament, das trägt,
damit die Wirtschaft sich bewegt.
Diese Grundlage trägt garantiert
einen Lebensaufbau, der funktioniert.
Ohne all die praktischen Dienste
käme Bildung nicht auf die Füße.
Wertschätzung hierfür sucht man vergebens,
das ist nun mal die Krux des Lebens!

*

Oben angekommen

Politiker erklären uns unermüdlich,
Menschen seien zwar unterschiedlich,
doch mit Bildung und Abitur
komme man in die richtige Spur.
Das soziale Gefälle der Klassen
könne man dann hinter sich lassen.
Chancengleichheit gilt ohne Not
nun für alle als höchstes Gebot.
Bildungshürden werden genommen,
schließlich möchte man weiterkommen!
Man gestaltet selbst sein Geschick,
die Perspektiven weiten den Blick
für Neuland, das es zu erobern gilt,
und große Erwartungen erfüllt.
Ganz nah wähnt man sich seinem Ziele,
doch oben tummeln sich schon viele,
und man erkennt auf Anhieb schon:
sie haben die gleiche Motivation!
Diese Erkenntnis ist nicht heiter:
man ist oben – der Kampf geht weiter!

*

Geschlechtervielfalt

Ob wir weiblich oder männlich sind,
wird von Chromosomen bestimmt.
Biologisch ist das unstrittig klar,
aus heutiger Sicht jedoch nicht mehr wahr.
Seelenzustände sind dagegen
biologisch nicht zu belegen.
So werden die heranwachsenden Jungen
in einen tiefen Zwiespalt gezwungen,
und fragen sich ganz allgemein:
Wer bin ich oder wer könnte ich sein?
Nicht Fisch, nicht Fleisch – etwas dazwischen?
Es gibt viele Vorschläge und Nischen.
Diese Fragen standen immer an,
wenn die Pubertät begann
und fanden Antwort im Lauf der Zeit,
was man nun lamentierend beschreit.
Ist man etwa mit seinem Geschlecht
im falschen Körper und deshalb nicht echt?
Man hindert Jugendliche im Wachsen und Reifen,
was sie selbst noch nicht begreifen.
Geschlechterwechsel und was dann
fangen sie mit ihrer Identität bloß an?
Die angeborene war noch nicht entfaltet,
nun fühlen sie sich fremd gestaltet.
Die Verwirrung wird noch potenziert,
indem man neue Geschlechter einführt.
Ideologien, gepaart mit Fantasie
sind Bausteine dieser Strategie.
Die Beeinflussung ist gnadenlos,
Identität bekommt den Todesstoß.
Denken wir mal ein Jahrzehnt weiter,
ist die Stimmung dann noch heiter?
Man ist verhaftet im neuen Geschlecht –
kommt man psychisch damit zurecht?

Oder machten im Lauf der Zeit
sich Unbehagen und Zweifel breit?
Der Schritt von einst, so viel ist klar,
ist nun nicht mehr umkehrbar.
Haben sich Zorn und Zweifel gestaut
auf eine Gesellschaft, die das erlaubt?
Was werden die Betroffenen sagen?
Werden sie ihre Eltern fragen:
„Warum nur habt ihr auf Menschen gehört,
die unser Leben mit Lügen zerstört,
die unser Geschlecht in Frage stellten
und wir damit den Weg ins Unglück wählten?
Wir sind beschädigt lebenslang.
Hierfür gibts keinen Rückwärtsgang!" -
Der folgende Begriff erscheint mir wahr;
ein alter Nachbar zitierte ihn klar,
wenn er Widersinn erkannte
den er „die Dummheit der Klugen" nannte.

Vince Ebert zitiert in seinem Buch „Lichtblick oder Blackout"
den Datenanalysten David Shor wie folgt:
*„Je gebildeter und klüger ein Mensch ist, desto geschickter ist sein
Gehirn, ihm den größten Blödsinn als vernünftige Idee zu verkaufen,
solange es seinen sozialen Status hebt. Dadurch neigt das gehobene
Bildungsbürgertum stärker dazu, irgendwelchen intellektuellen
Schnapsideen hinterherzuhängen als einfache Leute.
Menschen aus der Arbeiterklasse haben oftmals viel mehr Realitätsbezug
und gesunden Menschenverstand!"*

*

Leben als Wunschkonzert?

Das Wissen über unsere Welt
wird längst zur Disposition gestellt
und das gleich in vielen Bereichen,
das folgende Beispiel soll erst mal reichen.
Biologische Erkenntnis im Allgemeinen
ist deutlich belegt – sollte man meinen.
Doch wenn die Regierung nicht sagen kann,
ob ein menschliches Wesen ist Frau oder Mann
und dies wie im Wunschkonzert wählen lässt,
dann ist das kein Reifetest.
Wenn das Geschlecht dann nach einem Jahr
unpassend wird – das gibt's offenbar –
dann lässt sich dies durch Eintrag ändern;
das Leben wird bunt durch konstantes Gendern,
und der allgemeine Realitätsverlust
generiert sich äußerst selbstbewusst.
Wird Narrheit per Gesetz definiert,
dann stellt sich die Frage, wohin das noch führt.
Welche bisher übersehne Ignoranz
bekommt dann den Freibrief der Toleranz?

*

Es fehlt an allen Stellen

Wenn man kein Studium vorweisen kann,
schaut man uns verständnislos an,
denn die Maxime „Nur Bildung zählt!"
hat ihre Wirkung nicht verfehlt,
was zwangsläufig dazu führt,
dass jeder irgendwas studiert
Akademiker gibt's zwar viel –
was fehlt, ist handwerkliches Profil.
Geisteskultur kann nämlich nur wachsen,
wenn die praktisch tragenden Achsen
des täglichen Lebens sind fest installiert
und die Grundversorgung funktioniert.
Ob Handwerker, Fahrer, Männer vom Müll
von solchen Spezies brauchen wir viel.
Überall spüren wir einen Schwund,
die Situation ist höchst ungesund!
In Zukunft könnte es geschehen,
wie ich schon mal vorausgesehen:
Weil mir fehlt ein Handwerksmann,
rufe ich beim Jobcenter an,
der Mitarbeiter erklärt unbewegt,
der Markt sei völlig leergefegt.
Auf mein verzweifelt schwaches „Ach!"
legt der Mitarbeiter nach,
sein Vorschlag ist nicht praxiskonform,
doch es freut mich ganz enorm:
„Ich hoffe, dass ich Sie nicht nerve:
Es gibt Akademiker - als Reserve!"

*

Made in Germany

Deutschland träumte einst von Sieg,
doch es verlor den schrecklichen Krieg
und Gefangenschaft gabs in eiserner Klammer -
die Verlierer packte der Jammer.
Die Spielregeln wurden neu festgelegt,
in deren Rahmen man sich bewegt.
Der Krieg hinterließ traumatische Wunden;
konnten Menschen und Wirtschaft gesunden?
Die Siegermächte sahen bald ein,
Wirtschaftsleben muss wieder sein.
Wir stöhnten unter harten Reparationen
und produzierten – doch keine Kanonen.
Der Bedarf an Gütern war enorm,
die Produktion lief auf zu neuer Form.
Das hatten die Sieger nicht geahnt,
denn dieser Fortschritt war nicht geplant.
Deutsche Waren, so kam man überein,
müssten als solche gekennzeichnet sein.
So wurde „Made in Germany" geboren,
damit haben wir gewonnen statt verloren.
Die Bezeichnung war als Stigma gedacht,
stattdessen hat sie Karriere gemacht,
denn was wirken sollte als Bremse und Riegel
wurde ein Standard für Gütesiegel.
Doch auch Erfolg hat seine Zeit,
er ist nicht garantiert für die Ewigkeit.
Ob Kriege, Unfähigkeit, Katastrophen,
der Abschwung hat recht viele Strophen.
Dazu trat dann auf fast über Nacht
der Ferne Osten als Wirtschaftsmacht.
Das zwingt unsere Wirtschaft in die Knie,
und aus ist's mit „Made in Germany"!

*

Unsere Sprache 2.0

Sprache ist wie ein Kleid, passend auf uns zugeschnitten. Heute scheint dieses Kleid jedoch vielen nicht mehr zu passen. Es wird nach Belieben verändert, indem man abschneidet, an anderer Stelle erweitert, Flicken aufpeppt – kurz: man ändert ungeniert, sowohl in Wort wie in Schrift, indem man die Sprachregeln außer Kraft setzt. Damit wurde Sprache zum Freiwild; jeder konnte sich ihrer bemächtigen.

Beflügelt wurde der Prozess durch die schulische Vorgabe „Schreiben nach Gehör". Diese Methode zog sich durch die Grundschule, bis sich dann in den weiterführenden Schulen herausstellte, dass dieser Weg des Erlernens doch wohl ein Holzweg war. Die Versäumnisse der Grundschuljahre waren nicht so schnell aufzuholen, wie man gedacht hatte. Es klafften Lücken. Vielleicht hätte man sich beizeiten besser an das Sprichwort erinnert „Was Hänschen nicht lernt, lernt Hans nimmermehr!"

Diese Situation führte zu Resignation gegenüber sprachlicher Korrektheit. Fehler im Deutschen häuften sich unübersehbar. Die Rechtschreibreform half auch nicht weiter. Vielmehr wuchs die Verunsicherung unter denen, die korrektes Deutsch gelernt hatten. Was war nun richtig oder falsch?

Um aus dieser vorhersehbaren Misere herauszuhelfen, wurden mehrere Schreibweisen zugelassen. Jeder konnte sich nach seinem Gusto bedienen. Die Sprache zerfranste. Hinzu kamen immer mehr Anglizismen. Als Krönung wurde nun noch die gendergerechte Sprache hinzugefügt.

Sprache ist etwas Schönes, wenn sie richtig angewandt wird – auch heute noch.

*

Melodien der Sprache

Vielfältig spricht man auf der Welt,
rund 7.000 Sprachen wurden gezählt
Was aber noch in der Sprache steckt,
ist der uns eigene Dialekt,
der früher das Miteinander klärte
und Zusammenhalt gewährte.
Doch allmählich, im Lauf der Zeit,
machte sich die Ansicht breit,
der Dialekt sei bildungsfern –
natürlich hört man das nicht gern!
Und so reifte der Entschluss,
dass man Hochdeutsch lernen muss.
Mit Selbstdisziplin und Konzentration
führt seitdem man Konversation,
doch ins Plaudern von ganz allein
schleichen sich weiche Töne ein.
Die Sprachmelodie, weich moduliert,
ist wie eine Sinfonie komponiert.
Da hat jeder Dialekt seinen eigenen Klang
und den vertrauten Sprachgesang.
Im Hochdeutsch lässt sich nicht verbergen,
dass Dialekte die Aussprache färben.
Wenn man hinhört, schwingt es mit,
das vertraute Sprachkolorit.
Trifft man auf Menschen, die zwar fremd,
und sie anspricht ganz ungehemmt,
blitzt plötzlich ein Lächeln und Verstehn,
weil wir eine Gemeinschaft sehn.
Denn wir erkennen im Ansatz schon:
Uns eint die gleiche Herkunftsregion!
Denn Dialekt hat seinen Stil,
und ist Ausdruck von Lebensgefühl.
Er drückt mehr aus als bloße Worte,
führt uns an vertraute Orte,

ist Melodie und ist Musik,
gibt Geborgenheit zurück.
Lebendige Frische geht von ihm aus,
er gleicht einem bunten Blumenstrauß!
Doch dies Stimmungsbild war gestern,
wie John Wayne im alten Western!
Es verblüht auch dieser Strauß,
dann ist's mit den Dialekten aus.
In manchen Regionen immerhin
sind noch Lebenssäfte drin.
So ist der Dialekt nicht ausgestorben,
doch zur Fremdsprache geworden.

*

Modewörter

Variante a)

Worte gibt es längst genug,
doch scheints, dass mit jedem Atemzug
neue Wortschöpfungen entstehen,
die uns bald entgegenwehen.
Rasch werden sie aufgesogen,
wie neue Kleider angezogen.
Neues ist und bleibt beliebt,
weil es den Anschein von Weltläufigkeit gibt,
Doch bleibt Mode nicht lang aktuell,
wenn jeder ihr frönt, dann stirbt sie schnell.
Und das geschieht gemeinhin auch
mit dem gealterten Wortgebrauch.
Wir können nicht all diese Worte nutzen,
drum muss man ihre Anzahl stutzen.
Neue Worte warten schon,
denn jetzt kommt ihre Hauptsaison.

Variante b)

Machen wir uns doch mal schlauer:
„Zeitgleich" bedeutet von gleicher Dauer,
jedoch nicht zur gleichen Zeit -
hier klafft die Bedeutung weit.
„Gleichzeitig" ist melodisch und schön,
lässt obendrein sich gut verstehn,
Ereignisse sind damit gemeint,
die ein paralleler Verlauf vereint.
Aus dem umfangreichen Wortarsenal
taucht „zeitgleich" auf wie ein Fanal
und hat dabei ganz unverdrossen
„gleichzeitig" einfach abgeschossen!
Eine weitere Neuerung uns nun schreckt:
Man hat die Woke-Culture entdeckt!
Sie plustert sich auf wie ein Pfau –
Was das soll, weiß ich auch nicht genau!

Wort des Jahres

Das Wort des Jahres soll gewichten,
worüber Chronisten demnächst berichten.
Diesmal ist „Zeitenwende" gekürt,
was bei mir zu Zweifeln führt.
Denn gäb' es eine Zeitenwende,
wär's mit der Zeit abrupt zu Ende!
Zeit ist völlig wirkungsfrei -
sie tut, was sie immer tat – sie geht vorbei.
Nie kehrt sie um, bleibt in der Spur,
denn das ist ihre Wesensstruktur.
Umstände wechseln und kehren um,
doch Zeit läuft weiter, schert sich nicht drum.
Das Wort des Jahres kommt mir vor,
als wäre es ein Eigentor.
Hier werden wir sprachlich pointiert
wieder mal auf Glatteis geführt!

*

Sprachakrobaten

Fast alles wird auf den Kopf gestellt,
auch wenn es uns gar nicht gefällt.
Die Grammatik wurde krachend verbogen;
sehr zum Leid der Philologen.
Als Ergebnis bieten sodann
sich folgende Konstrukte an:
Als Krönung unserer Sprachenwende
sind die Studenten nun am Ende;
sie wurden, wer hätte das gedacht,
zu Studier-"enden" gemacht!
Viele Substantive schleppen schwer
ihr eigenes Ende hinter sich her.
Radfahr-"ende" kommen auch nicht weit,
wie das Wortkonstrukt prophezeit.
Worte, an die man „Ende" hängt,
wurden aus ihrem Inhalt verdrängt.
Beispiele gäbe es noch in Massen -
ich will es bei dieser Auswahl belassen.
Jeder kann für sich entscheiden:
Muss ich das? Oder kann ich's vermeiden?
Man müht sich um gerechte Sprache,
doch ist das eine heikle Sache,
selbst im Namen der Toleranz
ist das Ergebnis reiner Popanz.
Dass solch ein Wort sein „Ende" trägt,
hat wohl niemand überlegt.
Die Änderungen, die vorgenommen,
hindern schließlich beim Weiterkommen.

*

Sprachdiversität

Man altert im Verlauf in der Zeit,
hofft jedoch, bis dahin sei's weit
und verhätschelt das eigene Ich –
doch der Blick in den Spiegel spricht für sich.
Wir sind nur eine Zeitspanne jung,
und dann beginnt die Alterung.
Inzwischen hat man medizinisch galant
sich vom Begriff „Alterung" abgewandt.
„Reifung" nennt man nun dezent
den Zustand, den man als Alter kennt.
Die neue Wortwahl, da schwör ich drauf,
hält das Älterwerden nicht auf!
Sprachlich bleiben wir flexibel
und bemühen uns penibel,
möglichst niemand zu vergrätzen
oder gar noch zu verletzen.
Die Hautfarbe gehört auch dazu,
sie klar zu benennen ist tabu.
Mit „People of color" – abgekürzt Poc -
kommt der weitere Sprachenschock.
Es liegt an unseres Schöpfers Gaben,
dass Menschen verschiedene Hautfarben haben.
Mühsames Umschreiben hat wenig Zweck,
damit kriegt man die Farbe nicht weg.
Die Benennung der Hautfarbe wurde diffus,
weil man schmerzfreien Ersatz finden muss.
Unterschwellig stellt sich heraus,
man sortiert sie trotzdem aus.
Ist es nicht infantil und verrückt,
wie man sich um Klarheit drückt?
Sprache verliert ihre Spontanität,
wenn man sie gewaltsam verdreht.

*

Von Haiti nach Deutschland

In Haiti geboren, in Deutschland zu Haus,
doch deutsch sehen Lizzy und Louis nicht aus.
Ihre neue Familie hieß sie willkommen,
sie wurden herzlich aufgenommen.
Inzwischen stehen sie, das ist zu begrüßen,
beruflich längst auf eigenen Füßen.
Selbstbewusstsein wuchs zumeist
durch Familie und Freundeskreis.
Beide Geschwister fühlen sich
völlig als Deutsche, wie du und ich.
In ihren deutschen Lebensjahren
haben sie kaum Diskriminierung erfahren.
Fröhlichkeit ist ihr Markenzeichen,
damit kann man Herzen erweichen.
Sie sind wie ihre Altersgenossen
und werden nirgends ausgeschlossen.
Nur der oft herbe Umgangston
erweckt bei Fremden Irritation.
„Hey, Nigger" als Begrüßungsritual
ist gebräuchlich und völlig normal.
Niemand fühlt sich diskriminiert,
wenn die Clique sich so tituliert.
Doch Umstehende sind hoch empört
und finden die Wortwahl unerhört.
Man leidet mit dem scheinbar Schwachen,
doch der verkneift sich mühsam das Lachen.
Gut durchtrainiert und sportlich fit
wäre er schnell mit Angreifern quitt.
Denn wer ihn angreift, und sei's nur verbal,
riskiert das kaum ein zweites Mal.
Das Problem liegt nicht auf Louis' Seite –
Probleme haben die anderen Leute!

*

Narrativitäten

Das Adjektiv schlief es fest und tief,
es trägt den Namen „Narrativ".
Doch hat es seinen Schlaf beendet,
und damit war das Blatt gewendet.
Man kann sagen, seit dieser Stunde
ist das Wort in vieler Munde.
Vorher wars scheinbar überflüssig,
denn die Anwendung schien nicht schlüssig.
Das Wort klingt weltoffen und schick,
das merkt man auf den ersten Blick.
Wer es verwendet, hat ohne Frage
eine sprachlich gehobene Ausgangslage.
Doch was drinsteckt in diesem Wort,
das erschließt sich nicht sofort,
denn der Sinn ist nicht eindeutig klar,
und jeder meint anderes offenbar,
wenn er sein „Narrativ" bemüht
und damit Interesse auf sich zieht.
Weil die Bedeutung etwas diffus,
blieb für mich dann nur der Schluss,
im Duden einmal nachzuschaun,
denn in dies Buch hab ich Vertraun.
Daraus erfahre ich nun konkret,
wie es um den Inhalt steht:
Narrativ - das heißt Erzählung, nicht mehr!
Warum nur liebt man das Wort so sehr?
Man kann es füllen nach Befinden
und damit kräftig Eindruck schinden.
Doch der Inhalt des Wortes oft variiert,
was dann zum Missverständnis führt.
Im Englischen mag es anders sein,
doch darauf geht der Duden nicht ein.

*

Apostrophales

Ein Komma wollte mehr erreichen
als Satzstruktur zu unterstreichen.
Nach oben war noch etwas Platz,
drum sprang es mitten in einen Satz,
doch was man hier oben macht,
hatte es gar nicht bedacht.
Es überlegte hin und her,
wo wohl noch eine Lücke wär.
Da kam die zündende Idee,
das Zeichen dachte: „Nun, ich seh,
in manchen Worten gibt es Lücken,
die könnte leicht ich überbrücken!"
Für ein dezentes Auslassungszeichen
dürfte meine Bestimmung reichen;
ein kleines Häkchen oben im Wort
schafft einen luftigen Anstrich sofort.
Es hat die Sache in Angriff genommen
und den Aufsichtsratsposten bekommen!
Das Wort ist klein, doch der Name groß,
das Zeichen heißt jetzt Apostroph.
Die Bedeutung des Apostrophs zu sehn,
manche Leute gar nicht verstehn.
Sie haben die Sprachregel nicht impliziert
in ihre Deutschkenntnis überführt
und setzen das Zeichen, was verstört,
an Stellen, wo es nicht hingehört,
wählen die englische Methode,
weil sie leicht ist und auch in Mode.
Steht irgendwo: „Sonntag's geschlossen",
ist der Sprachpurist verdrossen.
In solchen Fällen ist es ein Muss:
Der Apostroph gehört an den Schluss!
Doch ist dieser Fehler längst mutiert
und hat die Schriftsprache okkupiert.

Kulturelle Aneignung

Wer sich heutzutage erdreistet
und fremde Kulturanleihen leistet,
eröffnet damit auf jeden Fall
ungeahntes Konfliktpotenzial.
Denn Moralisten zögern nicht lange,
nehmen Kulturdiebe in die Zange;
man fühlt sich berufsbedingt beleidigt,
weil man doch Minderheiten verteidigt.
Pipi Langstrumpf und Winnetou
sind teilweise als Lektüre tabu,
weil sie Minderheiten diskriminiert,
was zu psychischen Schäden führt.
Man gängelt uns sehr dominant
und legt die Betonung auf tolerant.
Der Einfluss auf unser Gegenwartsleben
soll uns neue Impulse geben,
deshalb durchforstet man ganz penibel
die Gegenwart auf ihre Übel
und bringt sie in die passende Spur -
denn Vergangenheit braucht Korrektur!
Wie die Bemühungen klar bekunden,
wurde Bismarck für schlecht befunden;
auch Namensgeber für alte Straßen
mussten viele Federn lassen.
Was man ahnte, rückt klar ins Licht:
Man kennt die eigne Geschichte nicht.
Doch Anmaßung nicht dazu legitimiert,
dass man Geschichte reglementiert.
Sie ist geschehen und nicht zu ändern,
nicht mal mit größtem Einsatz von Gendern!

*

Jetzt wird's bunt!

Ein bunter Strauß, kunstvoll gebunden,
hat stets Bewunderung gefunden.
Ein Blumenbeet in zarten Tönen
kann die Augen auch verwöhnen.
Doch ein Zuviel an Farbkombination
schafft bisweilen Irritation.
Beflügelt vom Satz: „Wir schaffen das!"
reagierte eine Politikerin krass,
denn vor der Presse tat sie kund:
„Ich freue mich! Deutschland wird bunt!"
Es kann erfreuen oder verdrießen,
wenn plötzlich viele Farben sprießen.
Der Zustrom an Menschen aller Couleur
verändert unser Land optisch sehr,
doch nicht nur Farbe kommt ins Spiel,
kulturelle Differenzen verlangen viel
Nachsicht und Langmut von allen Seiten;
kann man sich darauf vorbereiten?
Wir sehen, dass im Zusammenleben
sich ständig neue Konflikte ergeben,
die oftmals enden dann als Knall -
aber nicht bunt, sondern katastrophal!
Planlose Aktivität bringt uns nicht weit -
für Lernprozesse braucht's halt Zeit.

*

Mainstream

Es gab eine Zeit, in der man Gedanken
offen aussprach, ohne zu wanken.
Was man meinte, wurde klar benannt,
denn Mainstream war noch unbekannt.
Heute muss man überlegen,
ob die Wortwahl wohl daneben.
Könnte ich wohl jemand kränken
Wo muss ich mich noch verrenken?
Der Worte werden immer mehr,
mir erscheint's, sie sind oft leer.
Aus Verben wurden einfach Nomen,
was dabei rauskommt, ist verschroben.
Der Sprachfluss ist nun nicht mehr flüssig,
man wird der Worte überdrüssig,
an deren Korrektheit man sich verschluckt.
Ich mag kein misslungenes Kunstprodukt.
Doch will man sich dagegen wehren,
kann man nicht zu den Guten gehören.
Noch nie benutzte man so oft das „Innen"
als Wortanhang, was soll das bringen?
Nicht alles ist detailliert zu erfassen,
man sollte die Kirche im Dorf belassen.
Der Wortverbrauch wird mehr und mehr
und ist schon längst inflationär.

*

Wendungen

Wenn man das Wort „Leben" wendet,
fällt auf, dass es als „Nebel" endet.
Ist das symbolisch zu verstehn
oder als bloßer Zufall zu sehn?
Leben entschwindet unwiederbringlich
in einem Nebel, der undurchdringlich.
Es nutzt kein Rufen oder Klagen -
Antwort gibt's nicht auf unsere Fragen.
Und es wird auch niemand gelingen,
den diffusen Nebel zu durchdringen.
Von dieser Frage ist jeder betroffen,
doch dürfen wir glauben und auch hoffen
auf ein Leben jenseits der Zeit,
und das für alle Ewigkeit.
Doch sollte die Seele im Nebel sterben,
weil's keine Ewigkeit gibt, kein Verderben
und die Seele vom Nirwana aufgesogen,
dann wär unser Glaube schlicht erlogen.
Behält die Seele jedoch ihr Leben,
kann es ein böses Erwachen geben.

*

Das falsche Wort

Da ließ mit einem gewaltigen Stoß
jemand seine Meinung los.
Die Bemerkung sitzt wie ein Pfeil
in einem empfindlichen Körperteil.
Der Getroffene lautstark lamentiert,
was zum verlogenen „sorry" verführt.
Das Offensichtliche deutlich zu sagen,
ist nicht einfach in unseren Tagen.

*

Satire

Satire braucht den kritischen Blick,
um pointiert das Weltgeschick
in großen wie in kleinen Dingen
treffend auf den Punkt zu bringen.
Ob Politik, Gesellschaft, Grippe –
alles nimmt man auf die Schippe,
Fettnäpfchen und Peinlichkeiten
kann genüsslich man verbreiten.
Liegt nichts Aktuelles an,
kommt noch mal Vergangenes dran,
denn jeder Lapsus, der passiert,
ist für immer digital konserviert.
Begeistert klatscht das Publikum,
denn die Pointen sind nicht dumm,
angereichert mit Spott und Gift –
man lacht, weil es die Anderen trifft
und bläht sich auf als Moralist,
weil man auf der „richtigen" Seite ist.
Doch Worte können kränken, ätzen
und Menschen damit tief verletzen.
Sollte es uns wirklich freuen,
Salz in fremde Wunden zu streuen?

*

Unvollkommen

In mir regt sich Ahnung, ein Gefühl,
von etwas, das gesagt werden will.
Dafür muss ich nach Worten fischen,
die mir leider schnell entwischen.
Gedanken sind ein flüchtiger Hauch,
man füllt sie nicht in einen Schlauch;
sie schweben daher, leicht und fragil,
beanspruchen ihren eigenen Stil.
Wie gebe ich ihnen die passende Form?
Dafür fand ich bisher keine Norm.
Ob es für das, was man mehr fühlt als sieht,
am Ende noch gar keine Worte gibt?
Manche Gedanken wollen noch reifen
und sind deshalb noch nicht zu greifen.
Frisch gemahlene Kaffeebohnen
entfalten höchste Aroma-Visionen,
doch zeigt der Schluck aus der Kaffeetasse:
Es fehlt ein Stückchen Aroma-Klasse.
Schreiben gleicht Kaffee, dessen Duft
beim Wasseraufguss zum Teil verpufft.
Bei beiden Prozessen kann man entdecken:
Vollkommenes lässt sich nicht schreiben noch schmecken!

*

Schwierige Rechenaufgabe?

Durch Doppelpunkt werden Zahlen und Zeit
mit mathematischer Logik geteilt.
Doch wird der Doppelpunkt in Worte gesetzt,
werden diese entstellt und verletzt.
So will ich mit einem Beispiel beginnen,
und zwar mit Innenarchitekt : innen
Das Ganze ist – ich bleib dabei –
ein grober Unfug, und das hoch Zwei!
In der Zeitung las ich „Ingenieur : innen",
da musste ich mich kurz besinnen.
Die Lösung wurde mir nicht klar –
das überfordert mich offenbar!
Wie teilt man innen Ingenieure?
Ist das die neue Mathe-Lehre?
Ein Ingenieur, geteilt durch "innen"
kann nicht an Substanz gewinnen,
denn Teilen ist ja angesagt –
hat man ihn überhaupt gefragt?
Ingenieure braucht man im Ganzen,
sie planen doch für viele Instanzen.
Wenn man sie durch „innen" teilt,
und dann multipliziert – sind sie dann wieder geheilt?

*

Null und nichtig?

Bei Nullen ist es ganz egal,
ob's eine ist oder mehr an der Zahl.
Die Null ist tatsächlich völlig leer,
kämen nicht ein paar Ziffern daher,
die setzen sich auf den Platz davor
und wirken dann wie ein Motor.
Dahinter sammeln sich Nullen zuhauf
und blähen sich gewaltig auf.
Denn plötzlich haben sie Gewicht
und stehen groß im Rampenlicht.
Übertragen auf die Staatsfinanzen
sieht man vor lauter Nullen im Ganzen
nur ein Gewimmel von leeren Kreisen,
die auf Ratlosigkeit verweisen.
Staatschulden sind ein schwarzes Loch,
das alles verschlingt, am Ende doch
stellt man fest voll Unbehagen:
Politiker müssen nun offen sagen,
„Leider wachsen die Schulden an,
drum hängen wir noch mehr Nullen an."
Doch unser Kanzler hat Humor;
mit verschmitztem Lächeln trug er vor:
„Wir machen einen Doppelwumms!"
Explodieren die Nullen mit einem Bums?
Ist das der neue politische Stil?
Man hält man uns wohl für infantil.

*

Null-Acht-Fünfzehn?

Die Null fühlte tief innen einen Stich,
als sie sich mit den andern verglich.
Jede Zahl hatte eine besondere Form,
das imponierte der Null enorm.
Sie fand sich einfach rund und hohl,
wie ein dicker Blumenkohl.
Doch da sie nicht spröde war wie Emaille,
schnürte sie sich eine Wespentaille.
Das Ergebnis ließ sich sehn:
Sie war nun formvollendet schön!
„Was uns noch fehlte, war eine Acht!
Die hast du ganz perfekt gemacht!"
riefen die andern acht Zahlen im Chor,
und die alte Null kam sich wichtig vor.
Beschwingt in der Zahlen-Familienmitte
übte die junge Acht ein paar Schritte.
Dabei verlor sie das Gleichgewicht
und fiel zur Seite aufs Gesicht.
Die Zahlen sagten ungerührt:
„Da siehst du, wohin Leichtsinn führt!
Halte als Zahl deinen Stellenwert,
wie es sich für uns alle gehört!"
Die alte Null in runder Fülle
verspürte Ärger und Widerwille.
Sie hatte doch nur Spaß gemacht
mit Transformation von Null zur Acht!
Was, um alles in der Welt,
hatte sie nur angestellt?
Doch sie besann sich und stellte fest,
dass sich da noch was machen lässt.
Für „Unendlich" gab es noch kein Zeichen,
die liegende Acht könnte das ausgleichen.
Nun symbolisiert sie seit dieser Zeit
die mathematische Unendlichkeit!

Anmerkung:
Die liegende Acht wurde 1655 als Zeichen für unendlich große Zahlen
von dem englischen Mathematiker John Wallis eingeführt.

*

Die Menschheit als solche

Menschen gibt es schon recht lange,
doch was sie tun, macht oftmals bange.
Ihr Ende wurde oft prophezeit,
doch scheinbar sind wir noch nicht so weit!
Wenn alles falsch gewesen wäre,
herrschte längst schon Menschenleere!

*

Krone der Schöpfung?

Als Gott vor Zeiten den Menschen gemacht,
war dieser als Krone der Schöpfung gedacht.
Der Mensch sollte Eden bebauen, gestalten,
doch hat er sich nicht ans Gebot gehalten.
Er hat Gott nicht ernst genommen
und unverzüglich die Quittung bekommen.
So machten die Menschen im Übermut
ihr Leben im Garten Eden kaputt.
Sie verstrickten sich im Sündenfall -
da war es aus mit dem Edelmetall.
Zunehmend wurden sie aufmüpfig und frech –
von der Krone blieb am Ende nur Blech!

*

Blick ins Weltall

Das James-Webb-Weltraumteleskop
bekommt man nicht im Fotoshop
Doch Forschergeist und Wissenschaft
haben ein Erstaunliches geschafft:
ein Teleskop, das Grenzen sprengt,
und neue Sicht auf den Ursprung schenkt.
Werden Sterne im All geboren?
Gehen sie irgendwann verloren?
Ein sterbender Stern schickt als Final
sein Ende als Licht ins Weltenall.
Das Licht auf seiner weiten Reise
narrt uns auf ganz eigne Weise.
Wo Licht ist, muss ein Ursprung sein,
fällt uns zu diesem Vorgang ein.
Dass ein Komet - schon lang verglüht -
sein Licht aber durchs All noch zieht,
erschließt sich meinem Verstand nur schwer
denn Ursache und Wirkung hängen eher
dicht beieinander im Alltagsleben,
doch offensichtlich gibt es daneben
oder darüber, ganz wie man will,
ein völlig anderes Deutungsgefühl.
Mit dem Teleskop – sagt man –
den Schöpfungsbeginn man sehen kann,
will heißen, dass Planeten, die wir sehn,
seit undenklichen Zeiten nicht mehr bestehn.
Gab es sie wirklich, gibt es sie noch?
Oder narrt uns das schwarze Loch,
das alles verschlingt und einverleibt,
so dass kein Indiz mehr übrigbleibt?
Mit jeder neuen Entdeckung wird klar,
wir wissen zu wenig offenbar
von Weltraum, All, Unendlichkeit,
wir sind gebunden an Raum und Zeit.

Mag der Horizont sich auch weiten,
unsere Grenzen werden wir nicht überschreiten.
Es bleiben große Wissenslücken,
die Theorien dann überbrücken.

*

Suche nach Gott

Menschen haben sich, seit sie leben,
auf die Suche nach Gott begeben,
weil die Welt in ihrer Komplexität
keinesfalls aus sich selbst entsteht.
Diese Logik kam zu dem Schluss,
dass es ein großer Geist sein muss,
eine Schöpferkraft voll Genialität,
die über der ganzen Schöpfung steht.
Obwohl der Geist blieb unerkannt,
haben die Menschen ihn Gott genannt.
Man muss ihm mit Ehrfurcht begegnen,
man kann ihn anrufen, man kann beten.
Die Gotteserkenntnis ergab Differenzen -
der menschliche Geist stieß an seine Grenzen.
Heut glauben die Menschen an Wissenschaft,
und der Glaube an Gott wurde abgeschafft.
Antwort auf die Fragen des Lebens
sucht man noch immer, doch vergebens.
Doch bleibt die Sehnsucht nach Lebenssinn groß,
dann werden wir Gott am Ende nicht los!

*

Der neue Gott

**Kirche Torre Girona 18. Jh. in Barcelona
und Superrechner Mare Nostrumhe**

Neben der wissenschaftlichen Fakultät
in Barcelona eine Kirche steht.
Ihre Bänke bleiben längst leer,
und sie erfüllt ihren Zweck nicht mehr.
Nebenan hat die Wissenschaft der Welt
einen überdimensionalen Computer erstellt,
dessen breites, tiefes Wissen
Löcher in ins Gehäuse rissen.
Für Übermaß an Wissensqualität
braucht man gigantisches Gerät,
in dessen Volumen man fassen kann,
was Wissenschaft forschte und ersann.
Und da die Kirche nun nicht mehr heilig,
hatte die Fakultät es eilig,
denn die Kirche bot Ambiente und Platz
für den Rechner samt Wissensschatz.
Das Kircheninventar wurde entfernt,
damit die Wissenschaft forscht und lernt.
Nun beherrscht Mare Nostrum dominant
den Kirchenraum von Wand zu Wand.
Ehrfürchtig staunt die Wissenschaft
über das Wunder, das sie geschafft.
Ein Wissenschaftler sagte ganz flott:
„Das hier ist der neue Gott!"
Doch die Wissenschaft ist nie absolut,
denn ständig reift neues Erkenntnisgut;
Wissenschaft auch schon mal irrt,
was zu neuem Nachdenken führt.
Fragt man Mare nach dem Sinn des Lebens,
wartet man auf Antwort vergebens.
Wird Mare nicht ständig mit Inputs gefüttert,

ist die künstliche Intelligenz bald zerrüttet.
Menschen gaben ihm künstliches Leben
doch kein Herz, da mangelt es eben!
Ein toter Götze, es klingt wie Hohn -
niemand wirft Gott jemals vom Thron.

*

Ja zum Leben?

Hätte ich „Ja" zum Leben gesagt,
wenn man mich vorher gefragt?
Oder hätte ich Nichtsein gewählt,
was gedanklich schwer mir fällt?
Diese Fragen sind irrelevant,
deshalb werden sie verbannt.
Trotzdem bewegt nach mentaler Lage
mich hin und wieder diese Frage.
Wer oder was sollte Antwort geben
auf die Frage nach Sein und Leben?
Es gab mich nicht mal als Idee,
kein Lebensfunke, soweit ich seh.
Doch ein Zellkern wurde belebt,
in dem sich bald Herz und Seele regt.
Wo würde ich zu Hause sein?
Stellten sich Eltern auf mich ein?
War ich willkommen oder nicht,
denn neues Leben nimmt in die Pflicht.
Die Zeit vor mir kann ich nicht denken,
auch nach mir wird sie Geschicke lenken.
Mein Erdenleben geht einmal zu Ende,
ganz ungefragt, wie ich's auch wende.
Das Thema ist unendlich und weit –
Antwort gibt einmal die Ewigkeit!

*

Zweigeteilt

Das Ich, das man auch Seele nennt,
oft nicht das eigne Wesen kennt.
Es ist ein dunkles Seelenland,
das fremd mir ist und unbekannt.
Manchmal mich ein Abgrund schreckt,
den ich unverhofft entdeckt.
Wo diese Seelengrenze endet
das Dunkle sich zum Hellen wendet,
hab ich noch nicht herausgefunden,
spürbar jedoch sind viele Wunden,
die meine Dunkelheit und Nacht
oft das Leben schwer gemacht,
und am Ende mich selbst trafen,
so, als wolle ich mich strafen.
Andererseits, wenn Zuversicht
wie ein Pfeil ins Dunkel sticht,
wird es in mir manchmal schnell
tief im Innern warm und hell.
Weil Sonne meinen Weg erhellt,
freue ich mich an der Welt,
an Menschen, Tieren und Natur,
von Dunkelheit bleibt keine Spur.
Dankbarkeit füllt mich nun aus –
ich mache ein Gebet daraus!

*

Licht und Schatten

Immer wieder wird mir bewusst:
Zwei Seelen streiten in meiner Brust,
die eine ist gutgläubig und schlicht,
die andere akzeptiert das nicht,
sie will weiter und höher hinaus -
am Ende wird ein Zweikampf daraus,
der mein Seelenleben erschüttert,
darüber bin ich oft verbittert
und gehe mit mir selbst ins Gericht:
Verantwortung abschütteln kann ich nicht.
In mir sind zwei verschiedene Instanzen -
ich hafte für beide, und zwar im Ganzen!

*

Mein Meinungsbild

Hoffentlich sieht man rechtzeitig ein,
eigene Wahrnehmung kann ein Irrtum sein.
Liegt mein Standort etwa im Schatten
oder behindert ein Zaun von Latten
die Perspektive, auf die ich seh,
dann ist mein Weltbild nicht okay!
Was auch die Aussicht oft verengt,
den Blick in die falsche Richtung lenkt,
ist ideologische Scheinwirklichkeit –
sie hat Konjunktur in unserer Zeit.
Auch wenn uns das gar nicht schmeckt:
Unsere Wahrnehmung ist nicht perfekt!

*

Entwicklungsstörungen

Leben und Geist sind eng verbunden,
doch haben sie nicht zusammengefunden,
denn ihre Entwicklung verläuft nicht synchron,
und das führt häufig zu Irritation.
Am eigenen Körper man erkennt,
dass die Zeit von dannen rennt,
der Geist geht diesen schnellen Schritt
der Alterung jedoch nicht mit.
Er schwebt selig auf Wolke sieben
Und glaubt, er wäre jung geblieben.
Jugend, die wir längst verloren
wurde zum Sehnsuchtsort erkoren.

*

Bedeutsamer Unterschied

Wenn kleine Kinder Neues lernen,
ist das für Eltern der Griff nach den Sternen.
Sie staunen und sagen dann:
„Schau mal, was das Kleine schon kann!"
Ein kleines Wunder, gut gelaunt
wird von der Umwelt ausgiebig bestaunt!
Im Verlauf von Lebensjahren
werden Eltern dann die Sprüche sparen,
weil manches, was der Nachwuchs entdeckt
ihren Eltern gar nicht schmeckt,
und man bemerkt, dass Schattenseiten
uns öfter als gewünscht begleiten.
Mit der Reife wächst die Sicht:
Leben und Besitz gehören mir nicht.
„Leihgaben sind es, die Stück für Stück
ich allmählich gebe zurück!"
Zeigen sich altersbedingte Gebrechen,
Kann man intensiv darüber sprechen.
Im Vergleich zum Baby dann,
hört sich das bei Senioren anders an:
„Manches geht nicht mehr und doch
vieles andere schaff ich noch!"

*

Sehnsucht

Sehnsucht an sich kennt kein Zuhause,
ist ruhelos, ohne Atempause,
treibt mich zu einem neuen Ziel
zu dem ich unbedingt hinkommen will.
das Glück ist nicht da, wo ich grad bin,
ich suche Erfüllung und Lebenssinn.
Kann ich noch zählen und ermessen,
wie viele Ziele erreicht, doch vergessen,
auch sie waren einmal erstrebenswert,
doch inzwischen sind sie verjährt!

*

Gedankenflucht

In meinem Hirn gibt's wohl ein Leck,
denn ganz plötzlich er ist weg,
der Gedanke, der gerade noch
lebhaft durch die Windungen kroch.
Auf dem Weg vom Gedanken zum Wort
schlich sich das Gedachte fort!
Die Erkenntnis belastet mich sehr:
Mein Kopf erscheint vollständig leer!
Ist es möglich, dass im Hirn
zu viele Gedanken schwirr'n?
Schwarze Löcher ich im Weltall verorte;
vielleicht gibts davon noch eine Sorte -
wahrscheinlich in einem Mini-Format -
das Platz in meinem Kopf noch hat
und meine Gedanken inhaliert,
dabei wird das Denken sabotiert.
All die Gedanken, die wir verlieren,
müssen noch irgendwo existieren!
Vielleicht in veränderter Substanz
oder in ganz neuem Glanz?
Zieht man Stoffwechsel in Betracht,
dann würde Humus draus gemacht,
aus dem nach angemessener Zeit
etwas wächst, das Blüten treibt.
Ich hoffe sehr, der Gedankenschrott
ist kein endgültiger Bankrott!

*

Fragen zur Umstellung

Hätte man uns zum Euro gefragt –
hätten wir dazu „Ja!" gesagt?
Konnten wir uns überhaupt wehren?
Diese Frage ist nicht zu klären!
Der junge Euro war geboren,
und die D-Mark hat ihren Wert verloren.
Hätte man uns zur Zeitumstellung befragt,
hätten die Meisten „Nein!" gesagt.
Vor ein paar Jahren fragte die EU:
„Stimmen Sie der Rückkehr zur Normalzeit zu?"
In Deutschland hat das „Ja" überwogen,
würde die Zeit nun gleichgezogen?
Danach hatten wir froh erwartet,
dass die Normalzeit bald wieder startet.
Doch wie sich zeigte, konnten die Staaten,
denen wir glaubten, dass sie uns vertraten,
keinen gemeinsamen Nenner finden –
der Knoten war nicht aufzubinden.
Schon über eine Stunde Zeit
gibt es keine Geschlossenheit.
Wie soll es denn bloß weitergehn,
wenn ernste Probleme Schlange stehn?

*

Probleme zuhauf

Fachkräftemangel und Kostenexplosion
heizen an die Inflation,
dazu Ukraine-Krieg und Flüchtlingsnot -
Wohnraum ist nicht mehr im Angebot.
Hätten wir bloß noch ein Kohlenfeuer,
denn Energie ist sündhaft teuer!
Da sind noch Hitze und Katastrophen –
das Leidenslied hat viele Strophen.
Die Probleme stehen Schlange -
wo liegt die Lösung? Mir wird bange!
Und weil das alles nicht genug,
flüchtet man in Selbstbetrug:
Die Viertagewoche wird vorgeschlagen,
denn Erholung greift mehr an drei freien Tagen,
und der CO2-Ausschuss wird reduziert,
weil man weniger produziert.
Was tut der Mensch in der freien Zeit,
die ihm wöchentlich jetzt bleibt?
Er lässt das Auto zu Hause stehn,
fährt Rad oder kann spazieren gehn.
Gezahlt wird weiter das volle Salär –
der Mensch ist glücklich, was will man mehr!
Die zusätzliche Freizeit – so ist das Leben –
befördert den Wunsch zum Geldausgeben!
Doch Einkaufen als Freizeitvergnügen
geht nur mit üppigen Gehaltsbezüge.;
Die Wunschliste wird immer länger,
der Finanzrahmen proportional enger.
Die meisten Hobbies kosten Geld,
das bald schon an allen Ecken fehlt.
Der Alltag braucht sein Gleichgewicht
zu viel Verschiebung bekommt ihm nicht.
Kurz wähnte man sich wie Hans im Glück –
sehnt man nun fünf Arbeitstage zurück?

Shoppen als Hobby?

Shoppen gilt als Freizeitspaß,
und man fragt nicht: Brauche ich das?
Wir kaufen oft und viel zu viel -
Am Ende steht Verpackungsmüll.
Und als Begründung fallen die Sätze:
„Das garantiert doch Arbeitsplätze!"
Doch diese Einstellung allgemein
kann wohl nicht die Lösung sein.
Da ist zum einen die Inflation,
und sie wirkt gravierend schon,
dazu hat der Monat ohne Frage
aufs Ende hin zu viel Tage,
die noch zu finanzieren wären,
darüber sich die Konten leeren.
Und Warenregale, sonst gut gefüllt,
bieten bereits ein gestörtes Bild.
Es entstehen Versorgungslücken,
die wir vorerst noch überbrücken.
Schließlich lernen wir daraus:
Man kommt auch mit weniger aus!

*

Verfallsdatum

Im Supermarkt am Kühlregal
schaut der Kunde erst einmal,
ob das Lebensmittel vielleicht
sein Verfallsdatum erreicht.
Dieses Datum wird heutzutage
zu einer echten Gewissensfrage.
Ist das Produktdatum abgelaufen,
landet es auf dem Abfallhaufen.
Auch wenn der Zustand noch okay –
es kommt in den Müll, das tut mir weh!
Die Produkte sind von heut auf morgen
doch nicht lebensgefährlich geworden.
Diese Einstellung hätte im vorigen Jahrhundert
die Menschen verwirrt und verwundert.
Das Essen war knapp zu jener Zeit;
niemand kannte Mindesthaltbarkeit.
Der Nahrungsmangel war Sorge und Last,
und Hunger leider ein häufiger Gast.
Was damals fehlte, ist heute zu viel,
wir schießen beim Essen weit übers Ziel.
Ein überschrittenes Verfallsdatum
bringt uns absolut nicht um!

*

Trügerische Erinnerungen

Heute können wir verstehen:
Wir konnten die Beschränkung nicht sehen,
die jedem Alter innewohnt
und keinen Lebensabschnitt verschont.
Was fehlt an ungetrübter Sicht,
bekümmert junge Menschen nicht,
erst später ist Erinnerung gefragt,
auch wenn es damit oftmals hakt.
Wir sehn Vergangenheit entschwinden,
doch unsre Erinnerung soll wiederfinden,
was Jugend einst so traumhaft machte
und uns stets ins Schwärmen brachte.
Ich will nicht sagen, da wird gelogen,
doch manches schön zurechtgebogen.
So unbeschwert, wie wir heut meinen,
will mir das Jungsein nicht mehr erscheinen.
Ganz gleich, wie ich das Leben nehme –
kein Altersabschnitt ist ohne Probleme!

*

Erziehungsfragen

Der Wille von Kindern, sagte mal wer,
würde zur Tageslosung immer mehr.
Zweijährige sollen schon entscheiden,
was sie essen und wie sie sich kleiden.
Wissen die heutigen Eltern denn nicht,
dies zu entscheiden ist ihre Pflicht?
Man will die Erziehung optimieren,
um Kinder in schmerzfreies Leben zu führen,
wohl wissend, dass dies eine Utopie,
denn schmerzfreies Leben gibt es nie.
Es gilt, das Leben zu gestalten,
auch mal Schmerzen auszuhalten,
öfter auch mal Danke zu sagen
und sich freuen an schönen Tagen
Nabel der Welt kann man nicht sein,
das bilden sich schon zu viele ein.
Ganz lapidar:
Seien wir nüchtern und ganz ehrlich:
Leben war immer schon lebensgefährlich!

*

Kinder an die Macht

Wir haben damals amüsiert gelacht
über Grönemeyers „Kinder an die Macht".
Heute ist das Lachen verweht,
denn das Blatt hat sich gedreht.
Die Probleme – ob konstruiert oder real –
wachsen sichtbar überall.
Kinder und Jugendliche sodann
bieten Lösungsansätze an.
Ihre Forderungen sind konkret,
der Umsetzung manches entgegensteht.
Durch vorauseilenden Gehorsam vor Jahren
wurden Reaktoren heruntergefahren.
Sie waren erwachsen, die dies entschieden,
und Stromlücken wurden dadurch vermieden,
dass man Atomstrom in Frankreich ordert,
das einen stolzen Preis dafür fordert.
Auch Braunkohle fiel in Misskredit,
darum entsorgten wir diese gleich mit.
Niemand sagte, dass das nicht geht,
weil die Anschlussversorgung fehlt.
Um den Klimawandel abzuwenden,
sollen wir unser Verhalten nun ändern.
Die Belohnung fällt uns nicht in den Schoß,
doch für das Ziel ist kein Opfer zu groß.
Die Zukunft liegt in Sonne und Wind –
wenn sie denn zugegen sind!
Die Säule des Wohlstands unsrer Nation
war die Automobilproduktion.
Die Betonung liegt auf **war**,
inzwischen ist nämlich offenbar,
dass Greta und Freunde nun zusammen
wollen Benziner und Diesel verbannen.
Nach ihrem Willen fährt künftig jeder
nur E-Autos und Lastenräder.

Dazu verletzt Putin bewusst ein Tabu,
denn er drehte den Gashahn zu.
Wir wollten ihn deshalb nicht schonen
und belegten Russland mit Sanktionen,
die leider wenig Wirkung zeigten
und unsere Absichten vergeigten.
Die Gaslieferungen wurden limitiert,
was zu Wahnsinnspreisen führt.
Der Normalität fehlt das Gleichgewicht,
doch eine Lösung ist nicht in Sicht.

*

Schwächen

Der Zahn der Zeit nagt am Eiffelturm,
und auch am Euro nagt der Wurm.
Die EZB hat sich wohl übernommen,
denn der Euro hat Corona bekommen
Weil Brüssel zu viel Geld verschluckt,
wird täglich neues nachgedruckt.
Die EZB entwickelt sich dabei
zur allergrößten Geldfälscherei.
Per Gesetz war einmal festgehalten,
Staatsschulden moderat zu gestalten,
und BIP* diente als gültige Messlatte,
an die man sich zu halten hatte.
Dieser Grundsatz wurde fallen gelassen,
denn die EU braucht Geld in Massen!
Auch die Notenbank hat nicht aufgemuckt,
obwohl sie so viele Nullen druckt.
Die Null an sich führt nicht zum Bankrott,
doch verbunden mit Ziffern baut sie Schrott.
Aus kaufmännischen Grundsätzen kann man ersehen,
mit dieser Schuldenwirtschaft werden wir untergehen.
* BIP - Bundesinlandprodukt

*

Soziale Netzwerke

Soziale Netze sind nun mal
in weiten Bereichen asozial.
Im dichten Nebel der Anonymität
wird ständig Hass und Misstraun gesät.
Wer solche Botschaften konsumiert,
wird nicht zum Guten hingeführt.
Die Erkenntnis macht uns betroffen.
Pandoras Büchse, die ist offen.
Aus ihr entweichen ohne Schranken
Bosheit und Hass, schlechte Gedanken.
Im Schutz der Anonymität
wird täglich Fragwürdiges gesät.
Kontinuierlich bleibt dieser Verlauf,
am Ende geht die Saat dann auf.
Weil wir sie nicht aus dem Netz entfernten,
werden wir bittere Früchte ernten.

*

Verlorenes Schamgefühl

Scham stand nicht unter Denkmalschutz,
sie zerfiel in Staub und Schmutz;
wie ein grauer Aschenregen
fiel dieser Schmutz aufs Alltagsleben,
legte sich auf Gewohntes und Gedanken -
scheinbare Freiheit sprengte die Schranken.
Nichts war zu peinlich, zu ordinär,
in Facebook zeigte man alles her,
sprach ungeniert aus vor aller Welt,
was man besser für sich behält.
Mancher wurde zum Exhibitionist,
ohne zu wissen, was das ist.
Was man von sich öffentlich macht,
kam anders rüber als gedacht.
Die Bloßstellung bot von sich aus schon
eine große Fläche für Projektion,
und statt erhofftem großem Applaus
kam oft das Gegenteil heraus.
Viel Häme, Spott und Ironie
zwang Illusionen in die Knie.
Schamgrenzen wurden überschritten,
die psychischen Schäden sind nicht zu kitten.
Im Nachhinein wird schmerzlich klar,
dass Scham eine schützende Hülle war.

*

Perspektivwechsel

Jungsein ist Dynamik pur,
man kommt dem Leben auf die Spur.
Dieser Zustand, so glaubt man dann,
halte ziemlich lange an.
Der Blick aufs Leben bleibt spannend dabei,
die Welt ist so alt, man erfindet sie neu.
Erwartungsvoll - das ist die Norm -
schaut man fasziniert nach vorn.
Man hat Ziele, die motivieren,
doch manchmal auch in die Irre führen.
Ist auch der Zeitrahmen ziemlich weit -
unsere Grenzen setzt die Zeit.
So gelangt man in die Lebensmitte,
zögerlich sind jetzt die Schritte,
und man wägt ab, was man noch will –
denn Wünsche schweigen ja nicht still.
Doch auch diese Zeit ist bemessen,
Jugendträume sind längst vergessen.
Das Alter ist noch grau verhangen,
keiner trägt danach Verlagen.
Doch die Sichtachse, wer hätt's gedacht,
hat nun eine Wende gemacht!
Denn recht häufig geht der Blick
auf das, was vergangen - man schaut zurück!
Da sieht man, ohne sich zu bücken,
dem eigenen Leben auf den Rücken!

*

Etappenziele

Die Dauer unseres Erdenlebens
vorherzusehen ist vergebens
Dieses Bemühen kann nicht klappen,
denn unser Leben besteht aus Etappen.
In diesen können wir Ziele setzen,
doch eignes Zutun nicht überschätzen.
Wir sehen nur ein Stück vom Ganzen,
von Lebensvielfalt quer durch Instanzen,
wir dürfen auf der Erde wohnen,
das ist nur ein Atemzug in Äonen.
Trotzdem reden wir uns ein,
voll auf der Höhe der Zeit zu sein
und vergessen über unserer Vision:
solche Ideen hatten andre auch schon.
Wir halten uns insgesamt für klug
und denken „Jetzt sind wir am Zug!",
dabei wissen wir nicht mal bedingt,
was der nächste Tag uns bringt.

*

Ansichtssache

Früher hatte – verglichen mit heute –
jedes Thema Vor- und Rückseite,
die man intensiv anschaute
und sich dann sein Meinungsbild baute.
Man sprach mit Menschen, die einem nah,
und fragte den anderen, wie er das sah.
Die Differenz in der Wertungsbilanz
verschwand am Ende meistens ganz.
Eventuelle Zweifel waren nicht wichtig,
denn die eigne Sicht war fast richtig.
So machte jeder Erkenntnisschritte,
man traf sich irgendwo in der Mitte.
Damit hatte man innere Ruh
und wandte sich wieder dem Alltag zu.
Heute gibt's viele Betrachtungsweisen,
die leider allzu oft entgleisen.
Hat man den eigenen Standpunkt gefunden,
glaubt Gegenargumente überwunden,
findet sich plötzlich ein ganz Schlauer,
der durchbricht die Gedankenmauer
und macht, dass meine statischen Gedanken
aufs Neue wieder erschreckend wanken.
Wieder häng ich in der Gedankenfalle,
denn gute Argumente hatten ja alle.
Ganz sicher ist keins von ihnen perfekt,
die Schwachstelle habe ich nicht entdeckt!

*

2023 und die Folgen

Das letzte Jahr - nach meinem Ermessen -
sollte man ganz schnell vergessen.
Zu viel, das mir am Herzen nagt,
hat mich im Jahreslauf geplagt.
Menschen, die wir liebten, starben;
sie fehlen uns; was bleibt, sind Narben.
Kriegsangst war uns längst genommen,
doch nun ist sie zurückgekommen.
Die Welt hallt wider vom Kriegsgeschrei.
Es ist noch lange nicht vorbei.
Das Ganze wird zum Flächenbrand,
wir fürchten auch für unser Land.
Unsäglich viele Menschen leiden;
Das Elend ist nicht zu beschreiben!
Ratlos schaun wir aufs Geschehen:
wie lang wird dieser Wahnsinn gehen?
Ist keiner, der ein Machtwort spricht
und diesen Teufelskreis durchbricht?

*

Flüchtige Begegnung im August

Menschen hasten durch die Straßen der Stadt.
Haben sie ein Ziel oder streifen sie nur umher?
Viele wirken angespannt und mit sich selbst beschäftigt;
ihre Umgebung nehmen sie kaum wahr.
Der Blick in ein fremdes Gesicht wird vermieden,
den am Boden sitzenden Bettler ignoriert man.
Ohne Blickkontakt fühlt man sich fast unsichtbar.
Es ist eine stets präsente Abwehrhaltung,
die unsere Privatsphäre zu schützen scheint.
Der Bettler schaut zu Boden,
als fühle er sich unwert und unerwünscht;
auch er will offenbar nicht angesehen werden.
Der Becher vor ihm drückt die Bitte um Hilfe aus.
„Ein Bild von Armut, Scham und Schutzlosigkeit"
denke ich, als ich mich an ihm vorbeistehle.
Er sitzt noch am gleichen Platz, als ich zurückkomme,
in der gleichen Haltung und Hoffnungslosigkeit.
Nun gehe ich bewusst auf ihn zu, beuge mich hinunter
und lege eine Münze in den Becher.
Er blickt auf, schaut mir in die Augen und lächelt,
dann sagt er „Dankeschön!"
In diesem Blick liegt eine freundliche Wärme.
In diesem Augenblick ist er kein Bettler,
er bedankt sich auf Augenhöhe,
gerade so wie jemand, der gute Manieren hat.
Das Lächeln und der Augenkontakt
haben mich auf wundersame Weise berührt.
Dieser kurze Moment einer Begegnung
löste in mir eine Leichtigkeit aus,
für die ich keine Erklärung habe.
Ist es Staunen und Dankbarkeit darüber,
dass ein Mensch in dieser hoffnungslosen Lage
noch ein Lächeln zustande bringt?
*

Vergangenheitsbewältigung

Wir halten uns stets in der Gegenwart auf,
doch rasch vergeht sie im Zeitenlauf.
Ist die Gegenwart verronnen,
hat die Vergangenheit gewonnen,
damit ist sie unserem Zugriff entzogen.
Doch wird im Rückblick sie oft verbogen.
Egal, wie sehr wir uns bemühen,
sie wird sich jedem Einfluss entziehen.
Doch wenn die Gegenwart mal zwickt,
werden Gedanken zurückgeschickt
in die Sphären jener Zeit
die uns entzogen meilenweit.
Die Gedanken kommen leer zurück,
wahrscheinlich wohl zu unserem Glück,
denn was die Vergangenheit zugedeckt,
hat uns oft auch nicht geschmeckt.
Man kann sich keine Vorschau borgen
für den heimlichen Blick auf morgen,
man kann nur hoffen, wie die meisten Tage
bleibt auch der heutige in der Waage.

*

Tagesreste

Morgens hab ich einen Plan
Was ich alles erledigen kann
Doch am Abend bleibt zuletzt
von Unerledigtem stets ein Rest,
zusammengefegt in einer Ecke,
wo ich ihn dann wohl verstecke.
War es zu viel, war es zu schwer?
Die Reste werden immer mehr.
ich fühle mich unaufgeräumt,
hab wieder mal zu viel versäumt.
Ab Morgen wird mein Plan halbiert,
was dann zum Erfolg wohl führt!

*

Fragezeichen

Wie ein Vogel, der seit langem vergisst,
dass er zum Fliegen geschaffen ist
und ängstlich nur am Boden hockte,
Freiheit verschmähte, die doch lockte,
so seh ich mein Leben dann und wann
und fange ratlos zu grübeln an.
War die Furcht vor der Freiheit zu groß?
Oder war ich zu träge bloß?
Dass Chancen ungenutzt geblieben,
kann ich nicht auf andere schieben.
Wahrscheinlich hab ich zu oft geträumt
und deshalb manches einfach versäumt.

*

Vergängliche Aktualität

Wie oft hat mich ein Ereignis bewegt,
über das ich mich sehr aufgeregt.
Detailliert informierte täglich die Presse,
wir glaubten, es sei von größtem Interesse.
Das Thema wurde konträr diskutiert
und hat oft zu Verstimmung geführt.
Man sah die eigene Meinung als richtig an,
was am Faktencheck-Irrtum liegen kann.
Irgendwann war das Thema abgeschlossen;
man hat sich auf Neues eingeschossen.
Versucht man später, sich zu erinnern,
fängt das Gedächtnis an zu schlingern,
und man stellt mit Erstaunen fest,
dass Zeit jedes Drama sterben lässt.
Man konnte heftig streiten und lästern,
das Aufrege-Thema ist längst Schnee von gestern.
Neue Ereignisse drängen nach vorn,
und sind meinungsmäßig erstaunlich konform.

*

Zeitungslektüre

In jeder Woche an sechs Tagen
wird die Zeitung ausgetragen.
Morgens erwarten wir mit Spannung schon
die gedruckte Information
über Weltgeschehen und Politik,
dazu Lokales, vom Sport ein Stück.
Leserbriefe sind nicht zu verachten,
man liest, wie andre die Welt betrachten.
Dann Rätsel und Veranstaltungsseite;
auch Sterbeanzeigen gibt es heute.
Das alles gehört auf jeden Fall
zum lieb gewordenen Ritual.
Dagegen sind Digitalnachrichten
viel zu schnell und kaum zu sichten.
Ihre Aktualität welkt rasch dahin,
denn stündlich steht was Neues drin.
Nachrichten verfliegen schnell,
sie sind nicht wirklich substanziell,
und liefern viel mehr als genug -
nachhaltiger ist der Zeitungsdruck.
Derzeit gibt's wenig in der Welt,
das die Stimmung aufrecht hält:
Unfrieden, Krieg, Flucht und Brände,
dazu Inflation – die Not nimmt kein Ende.
Nachrichten klingen partout nicht gut,
Regen fehlt auch – das macht keinen Mut!
Als Resultat kommt dann Depression,
deshalb erwog mein Mann nun schon,
die Zeitungslektüre aufzugeben –
das hilft nicht weiter, so ist es eben!
Ein kleiner Lichtblick schon am Morgen
minimiert die neuen Sorgen!

*

Absichtserklärungen

Es gibt eine Menge für mich zu tun,
doch viel lieber möcht ich jetzt ruhn!
Mit Eifer plan' ich für die nächste Zeit
die Erledigung mancher Angelegenheit.
Die Zeit verstreicht, die Anliegen warten,
längst wollte ich doch voll durchstarten!
Nun ist noch mehr dazu gekommen,
der Aufgabenberg macht mich benommen.
Wo fang ich an, was mach ich bloß?
Die Herausforderung ist riesengroß.
Ich brauche alle Kraftreserven,
Konzentration und starke Nerven,
doch sind die Batterien längst leer -
Resignation! Ich kann nicht mehr!
Der Wille war da, doch fehlte der Schwung -
übrig bleibt die Absichtserklärung.
Hoffentlich steht am Ende des Lebens
nicht das Urteil „Alles vergebens!"

*

Überfülle

Ich erkenne tief erschüttert:
Wir sind in jeder Hinsicht überfüttert.
Eine Warenflut sich in den Alltag ergießt,
die nicht mehr zu überschauen ist.
Längst hat der Markt uns überschwemmt,
was den Warenfluss nun hemmt,
uns sind die Wünsche ausgegangen,
wir entsorgen nicht, um neu anzufangen.
Doch nicht nur materiell betrachtet
wird unser Alltag überfrachtet.
Die Medien werfen Stunde um Stunde
neue Nachrichten in die Runde;
Dazu werden ungebeten
Meinungen eingestreut und vertreten.
Sie generieren sich oft autoritär -
wo nehmen sie bloß diesen Anspruch her?
Vieles scheint logisch begründet und richtig,
der nächste Widerspruch macht sie nichtig.
Vergeblich sah ich die Wahrheit ganz nah,
doch nun steh ich ratlos da.
Ob es mir wohl besser geht
mit strikter Konsum- und Info-Diät?

*

Wahrheiten

„Was ist Wahrheit?" hat Pilatus gefragt,
Jesus hat ihm die Wahrheit gesagt.
Diese Antwort machte klar:
Jesus ist Wahrheit ganz offenbar.
Doch stets wurde Wahrheit neu definiert,
das hat nicht zu Erkenntnis geführt.
Deshalb man leicht dem Irrtum verfällt,
dass die eigene Sicht die Wahrheit enthält.
Weil diese Sicht sehr häufig ist,
verzweifelt sogar der Optimist.
Wahrheit kann oft schmerzlich sein,
aber auch aus Zwängen befrein.
Was man häufig uns erzählt,
prägt die Sicht auf diese Welt,
doch ob es sich wirklich so verhält,
sei erst mal dahingestellt.
Natürlich muss man zugestehn,
oft kann man nur Facetten sehn
aus der Perspektive, die beschränkt,
so dass den Rest man als Wahrheit denkt.
Ein wenig Wahrheit, mit Vermutung verwoben,
hat „Fake news" dann auf den Thron gehoben.
Weil wir nicht das Ganze sehen
und deshalb nur einen Teil verstehen,
machen wir aus Stücken ein Bild,
das nicht den Anspruch der Wahrheit erfüllt.
Später wird uns einmal klar,
dass unser Bild ein Wunschbild war.

*

Erkenntnisse zwischen den Zeilen:

Auch wenn alle das Gleiche schrein,
kann es durchaus das Falsche sein.

Leben besteht aus ein paar Tropfen Zeit
aus dem Meer der Ewigkeit!

*

Unsere kleine Erdenzeit

Im Lauf des Lebens, dann und wann,
melden sich plötzlich Zweifel an.
Ich schaue auf die gelebte Zeit,
als wäre es fremde Vergangenheit.
Irrt vielleicht mein Lebenslauf?
Er zeigt so viele Jahre auf,
die mir gar nicht mehr bewusst,
oder hab ich nur keine Lust,
einmal gründlich nachzurechnen,
ob Lebensdaten die Wahrheit sprechen?
Die Ernte des Lebens wird eingefahren,
und wenn ich nach all den Lebensjahren
mein ganzes Leben rückwärts betrachte -
ist dann gelungen, was ich vollbrachte?
So viele Jahre standen bereit,
wie habe ich sie eingeteilt?
Wie viel Nichtiges als wichtig betrachtet,
dabei meine Gaben nicht beachtet,
die mir in die Wiege gelegt,
was mir jetzt auf den Magen schlägt.
Diese Frage bleibt leider offen –
ich kann nur auf Erbarmen hoffen!

*

Mangelerscheinungen?

Aktuelle Nachrichten bringen Schrecken,
weil wir zunehmend entdecken,
dass unser Weltbild in Stücke bricht,
so, wie wir glaubten, ist die Welt nicht.
Vom wachsenden Wirtschaftswunder geblendet,
glaubten wir, dass dies niemals endet.
Man reibt sich die Augen, ist leicht irritiert,
das Warenangebot wurde leicht reduziert.
Produkte sind nicht mehr im Regal,
die wir beanspruchten als normal.
Dazu machen Schlaglöcher und Fahrbahnrisse
unsere schönen Straßen zur Rüttelpiste.
Brücken sind längst instabil;
Abriss ist ihr trauriges Ziel!
Wir genossen Konsum und Überfluss,
doch damit ist jetzt offenbar Schluss!
Vorbei scheinen nun die fetten Jahre:
gewöhnen wir uns an Mangelware?
Auch wenn wir die Prognose schon gehört,
wird unser Weltbild empfindlich gestört.
Nicht nur die Inflation macht Schluss
mit all dem gewohnten Überfluss.
Nicht nur Engpässe beim Material,
auch Facharbeiter sind Minderzahl.
Die Jungen verschmähten nicht den Nutzen,
den sie heute als falsch herunterputzen.
Sie wähnen sich als Kenner der Welt,
den Eltern wird Unvermögen unterstellt.
Ihr Vorwurf lautet: „Wie konntet ihr nur?"
Darin offenbart sich Unverstand pur.
Weltuntergangsstimmung prägt unsere Zeit,
die Jungen tun sich schrecklich leid.
Wenn alles nur falsch gewesen wäre,
gäb's auf der Erde längst gähnende Leere.

Die Menschheit hingegen hat sich vermehrt.
Da waren wohl die Prognosen verkehrt!

*

Risse im Weltbild

Mein Weltbild wurde grad erschüttert,
die Perspektive ist zerrüttet.
Als wenn ein Spiegel zu Boden fällt,
entstehen Lücken im Blick auf die Welt,
es fehlen Stücke, daneben Risse,
ich seh nur noch ins Ungewisse,
mein Weltbild hat auf einmal Lücken
diese muss ich neu bestücken.

*

Geschlechterrollen

Eindeutig ist, es gibt links und rechts,
doch nicht bei der Frage des Geschlechts.
Denn das wird heute in Zweifel gezogen –
noch nie wurde Wahrheit so verbogen!

*

Sprache insgesamt

Der Sprachgebrauch im Allgemeinen
wird zum Versatzstück, will mir scheinen.
Die Wortwahl verwundert einen sehr,
sie ist fast schon rudimentär.
Doch findet im simpelsten Alltagssatz
ein Stückchen Englisch seinen Platz
Dieser Umbau unserer Sprache.
ist keine leicht zu nehmende Sache.
Sprache verliert nicht nur Qualität,
sondern nagt auch an der Identität.
Am größten jedoch ist der Schock
über manchen Beitrag im Blog,
denn beim Schriftdeutsch im Verlauf
tun sich wahrlich Abgründe auf.

*

Gideon

Ein kleines weiches Hundekind
brachte uns erfrischenden Wind.
Jeden Widerstand im Haus
löschte Gideon friedlich tapsend aus.
Ganz selbstverständlich, wie man sieht,
wurde er zum Familienmitglied.
Mit seinen kleinen drolligen Schritten
kam er rein und stand dann mitten
im häuslichen Familienverbund
und schaute uns an: „Ich bin euer Hund!"
Widerstand zwecklos, denn soeben
waren wir seinem Charme erlegen.
Hilflosigkeit als Machtposition –
diese Methode half immer schon;
auch bei uns hat sie gut funktioniert,
Familie und Hund – das lief wie geschmiert!
Wobei man vor allem bemerken muss:
Gideon machte keinen Verdruss!
Freundlich zu jedem, der zu uns kam,
auch bellte er nie den Briefboten an.
Unsere Mahlzeiten waren nach seinem Sinn,
denn für ihn war immer etwas drin.
Er folgte Silke stets aufs Wort,
blieb leinenlos sitzen, lief nicht fort.
Passanten staunten darüber nicht schlecht,
Gideon war verlässlich und echt!
Spaziergehengehen mochte er gern,
egal ob mit Silke oder Günter als Herrn.
Näherte man sich einem Wasserlauf
lebte Gideon unverzüglich auf;
Schlammpfützen waren auch willkommen,
er hat jedesmal ein Vollbad genommen.
Gideon war für uns selbstverständlich,
doch auch sein Leben war schließlich endlich.

Im elften Lebensjahr irgendwann
meldeten sich Schwächen an.
Gefühlsmäßig wollten wir es nicht verstehen,
doch war es nicht zu übersehen.
Gideons Zeit ging sichtbar zu Ende -
vergeblich war die Hoffnung auf Wende.
Die Tierärztin kam zu uns nach Haus:
zwei Spritzen – er hauchte sein Leben aus.
Wir streichelten ihn – es war vorbei,
dabei flossen Tränen, still, ohne Geschrei.
Die treueste aller Hundeseelen
hat uns verlassen - und wird fehlen!
25. Mai 2022

*

Zelda alias Sally

Ein Hundekind, man mag's nicht glauben,
kann ziemlich rasch die Kräfte rauben,
Zelda aus Rumänien kam
als Hundebaby bei uns an,
ein Straßenhündchen, Zelda genannt,
die Eltern sind uns nicht bekannt.
Spitzbübisch schaut sie in die Welt;
sie schnappt sich alles, was ihr gefällt,
packt es zwischen die kleinen Zähne -
und aus dem Mäulchen fallen Späne!
Hellwach, dabei leicht zerzaust,
sieht Zelda etwas struppig aus.
Struppi oder Lumpi klingt wie ein Fanal,
solch ein Name geht auf keinen Fall.
Sally klingt hübsch und lebensfroh,
deshalb heißt sie für mich jetzt so.
Mit ihrem treuen Hundeblick
führt sie mich sprichwörtlich am Strick.
Lange kraule ich ihr den Bauch -
Schokolade mag sie auch.
Sie springt auch mal mit feuchten Tatzen
fröhlich ins Bett auf die Matratzen.
Die Decke vom Tisch, dazu Gedecke,
zieht sie runter in ihre Ecke.
Hab ich die letzten Scherben gefegt,
hat sie schon was anderes zerlegt.
Jetzt ist sie fit und freut sich schon
auf den Wohnzimmer Marathon,
der geht rund um Tisch und Stühle
von da weiter ins Gewühle.
Sie läuft fast vor sich selbst davon,
springt auf das Sofa und landet schon
unmittelbar vor Günters Gesicht,
dass dieser verstört ist, rührt sie nicht.

Sally läuft auf zu höchster Form,
ihr Energieüberschuss ist enorm.
Sie hüpft leicht wie ein Federball
und macht das Ganze noch einmal.
Im Mülleimer sind Dinge versteckt,
was Neugierde in Sally weckt.
Mit dem Inhalt muss man sich beeilen;
er lässt sich gut im Zimmer verteilen.
Ob Kabel, Wäsche, Porzellan,
das alles zieht Sally magisch an.
Sie prüft Geschmack und Qualität,
wobei kein Teil den Test übersteht.
Doch wenn es ans Autofahren geht,
sich jedes Mal Sallys Magen umdreht.
Autofahren ist Horror pur;
es geht wohl gegen ihre Natur.
Alles andere wird sich geben -
ich hoffe fest, dass wir's erleben!

*

Das erste Jahr mit Sally (Zelda)

Sally geht Dingen auf den Grund,
das ist manchmal ungesund.
Doch weil ihr Magen es verträgt
hat sie manches Teil zerlegt.
Schaut man auf unser Inventar,
wird der Grad der Verwüstung klar.
So manches wohlvertraute Stück,
zerbröselte im Augenblick,
wenn Sally es in die Zähne bekam,
dabei empfand sie nicht mal Scham!
Alles im Haus, besonders Kerzen -
knackte sie mit reinem Herzen.
Übrig blieb am Ende Schrott –
treibt sie uns noch in den Bankrott?
Zersetzungsprozesse, die Jahre dauern,
schafft Sally im Zeitraffer ohne Bedauern.
Außerdem ist sie ganz versessen
auf ihren Anteil am Mittagessen.
Üppige Brocken vom Tisch ihres Herrn
mag unsere Sally besonders gern.
Mit feuchten Augen schaut sie mich an;
ich frag mich, wer da „Nein!" sagen kann.
Die gute Ernährung gewinnt Kontur,
man sieht es nun an Sallys Figur.
Günter sagte geradeheraus:
„Hinten sieht sie wie'n Pony aus!"

*

...und dann ist da noch unser Auto

Trotz einer beachtlichen Zahl an Jahren
ist unser Auto nicht oft gefahren.
Man sieht dem Wagen sein Alter nicht an,
es wurde ihm auch viel Gutes getan.
Wird der Top-Zustand mal wieder bestaunt,
ist mein Mann stets gut gelaunt.
Das Auto wird mit Liebe gewartet,
oft hofft es vergeblich, dass man es startet.
Dank weicher Tücher und viel Politur,
strahlt es in stets eleganter Struktur.
Es altert nicht, behält seinen Wert –
der Zeitverlauf scheint rückwärts gekehrt!
Ein Familienmitglied hat nachgedacht
und das Ergebnis auf den Punkt gebracht:
„Das Auto ist nicht so weit gefahren
wie das Pflegetuch in allen Jahren!"

*

Zu den Akten

Zwischen zwei Aktendeckel gepresst
wird das Jahr, wenn es uns verlässt.
Jeder Tag mit seinem Heute
hat darin seine eigne Seite;
manche ist sehr eng beschrieben,
und sie erzählt, was wir getrieben;
auf mancher Seite wär noch Platz -
für diesen Tag reichte ein einziger Satz.
Zwischen den Seiten sammelt sich
pralles Leben mit Punkt und Strich.
Zieht man Silvester die Bilanz,
stimmt die Summe der Tage ganz.
Bei Soll und Haben trifft mich der Schlag:
dazwischen klafft ein Fehlbetrag!
Der Übertrag, das ist mir klar,
geht mit mir ins neue Jahr!
Das Jahr kommt freundlich und bietet dann
mir neue Zeit – ich nehm' sie an!

*

Zum guten Schluss...

Nun will ich die letzte Seite wenden
und damit dieses Buch beenden.
Ich habe Tautropfen beschrieben,
von denen keine Spuren blieben.
Sie sind verdampft oder zerronnen,
die Erde hat sie aufgenommen,
in den großen Kreislauf zurückgeführt,
der nicht unterbrochen wird.
In jedem Tropfen spiegelte sich
ein Stückchen Welt, höchst meisterlich.
Und so gesehen spiegeln wir auch
ein wenig Welt und vergehen wie Rauch.
Der Körper wird Staub, es bleibt die Seele,
die ich dem Schöpfer anbefehle.
Ein Psalm gibt Hoffnung, die berührt
und zum inneren Frieden führt.
Es ist Glaube in beseelter Poesie –
schöner las ich das noch nie:
„Nähme ich Flügel der Morgenröte
und bliebe am äußersten Meer,
so würde mich doch Deine Hand führen
und Deine Rechte mich halten!"
Psalm 139, 9-10

*